百貨店・デパート
興亡史

梅咲恵司
UMESAKI, Keiji

イースト新書
122

はじめに

「最近、百貨店で買い物をしましたか」

百貨店のある幹部からこう質問されて、思わず考え込んでしまった。そういえば、一年、いや二年ほど前に急用でネクタイを購入して以来、百貨店では買い物をしていないかもしれない。

贈り物やビジネスシーンで利用する衣類、雑貨などは、これまでは百貨店で手に入れていた。しかし、贔屓《ひいき》にしていた百貨店が二年前に閉店してしまったため、それ以降は比較的手ごろな価格帯のブランドショップが集まっているショッピングモールを利用することが増えている。

勤務する会社の近くに日本橋三越本店があるので、そこでお弁当を購入することは今でもある。ただ、そこに百貨店を利用するという意識はなく、近くにあるお総菜屋さんに立ち寄るような感覚である。

「小売の王様」として、かつて隆盛を極めた百貨店が、ここ数年は「衰退している」と言われることが多くなった。

日本百貨店協会の推計によると、二〇一八年の全国百貨店売上高は、前年比〇・八％減の五兆八八七〇億円だった。これはピークだった一九九一年の九兆七一三一億円と比べると、約六割の水準だ。全国の百貨店の数も、一九九九年には三一一店舗あったが、現在は二〇二店舗に減っている（二〇一九年五月時点）。

販売不振が深刻になった二〇〇〇年以降、百貨店業界では、経営難の会社を軸に企業合併が相次ぎ、業界大再編が起こった。

そごうと西武百貨店は、二〇〇一年に包括的業務提携を締結、その後持ち株会社を設立し、現在はセブン＆アイ・ホールディングス傘下にある。二〇〇七年には関西の雄である阪急百貨店と阪神百貨店が統合し、エイチ・ツー・オー リテイリングが発足。同じく二〇〇七年に、老舗百貨店の大丸と松坂屋が結びつき、J・フロント リテイリングが生まれた。そして、二〇〇八年に三越と伊勢丹が統合し、三越伊勢丹ホールディングスが誕生している。

業界再編が起きても、百貨店の販売が回復することはなかった。少子高齢化や地方景気の冷え込みを反映し、主力の衣類・アパレル商品が売れなくなった。パイが小さくなる中で、ショッピングモールなど他業態との競争が激しくなっていった。さらに、ここ数年はEC（ネット通販）が台頭。多くの消費者はネットで詳しい商品情報を集め、比較購買するようになった。百貨店はこういった環境の変化に、うまく対応できない場面が増えていった。

底堅い富裕層消費や、旺盛《おうせい》な訪日外国人客の需要に支えられている都心部の百貨店は、それほど深刻な状況ではない。しかし、外国人客需要などの恩恵が少ない地方・郊外型百貨店は悲鳴を上げている。二〇一六年には千葉パルコ、二〇一七年には千葉三越、二〇一八年には丸栄、山口井筒屋宇部店といった地方・郊外の有力百貨店が店を閉じていった。そして、二〇二〇年一月には一七〇〇年創業の大沼が自己破産を申請。三二〇年の歴史に幕を下ろした。

百貨店はもはや、使命を終えたのだろうか。

都心部の一等地だけでなく、大・中規模な地方都市の中心部には、必ずと言っていいほど百貨店が店舗を構えていた。「あの街には、○○百貨店があるよね」と、街のシンボル的な立ち位置にあった。その消費生活の中で欠かせない存在だった店舗が、次々に姿を消していっているのである。百貨店はこのまま、衰退の一途を辿るのだろうか。

百貨店の今後を推察するためには、歴史を振り返る必要がある。百貨店業界の歴史本については、これまでも諸先輩方がいくつか刊行されている。今回は、それらの著書もかなり参考にさせていただいている。

それらを踏まえたうえで、本書はただ単に時系列的に回顧するのではなく、「百貨店の強みは何か」というテーマ性を持ってこれまでの長い歴史を見ていく。具体的には、「モノを売る」「流行をつくりだす」「サービスを提供する」という三つの基軸で展開していく。

そもそも、百貨店とはどういった経緯で誕生した、どういった特質のある商業施設なのかも確認しなければならない。そのために、序章では生い立ちや特徴をなるべく丁寧に整理した。

また、トリビア的な要素も多く盛り込んだ。「百貨店とＧＭＳ（総合スーパー）の違いは何か」、「化粧品売り場が一階にあるのはなぜか」、「デパ地下という言葉はいつから定着したのか」、「かつて人気のあったデパートガールの現状はどうなっているのか」、「なぜ東京メトロに『三越前駅』があるのか」。このような小ネタの数々も記したので、物語的に楽しんでいただければ幸いだ。

筆者は、東洋経済新報社の記者兼編集者である。現在は『週刊東洋経済』の副編集長、そして編集局報道部担当部長を兼務している（二〇二〇年四月現在）。記者としては、直近まで百貨店やスーパーを中心に取材しており、本書の内容には、こういった日ごろの取材、資料収集、執筆活動が根底にある。

百貨店・デパート興亡史　目次

第二章　流行創出——文化の発信地にまだブランド力はあるか　099

序章　「イノベーター」として君臨した百貨店

百貨店の起源は「日本橋」にあり

東京都の中央区日本橋。

かつて、江戸の中心として栄えたこのエリア。日本橋川にかかる「日本橋」は、徳川幕府が定めた五街道（東海道、中山道、日光街道、奥州街道、甲州街道）の「起点」として、古くから親しまれてきた。人通りが多かったことから、江戸時代には日本橋の周辺に活気のある魚市場が並び、たくさんの問屋が軒を連ねるなど、江戸でもっとも賑《にぎ》やかな場所だった。

現在も、日本橋の橋の上には「日本国道路元標」が設置され、まさに道路の起点であることが示されている。日本橋周辺に活気があることは今も変わりなく、数多くの商業施設やオフィスビルが立ち並ぶ、複合的なエリアとなっている。

この日本橋エリアは、大手不動産ディベロッパーの三井不動産が本社を構えるおひざ元。そのため、「三井村」と称されることがある。三井不動産は近年、日本橋エリアの近代化を図っており、最新で大型の商業施設を次々と建設している。

建設ラッシュとは言っても、建物の外観はグレーやベージュなどの落ち着いた色で統一している。また、昔ながらの飲食店や小売店も意識して残されている。そのため、どこと

「日本橋三越本店」

なくレトロな、俗な言い方をすると「古き良き時代の懐かしい雰囲気」が漂う街並みとなっている。

江戸時代から街道の起点として栄えた歴史や、なんとなく親しみやすい雰囲気を持つ日本橋エリアは現在、観光スポットとしても人気だ。橋の上では、観光客がカメラを構えて記念撮影をする姿がよく見られる。国内客だけでなく、アジア系や欧米系とおぼしき海外からの観光客の姿も多い。

観光客の間をすり抜けて、日本橋の橋の上から北に二〜三分ほど歩く。すると、風格のある大きな建物が現れる。老舗《しにせ》百貨店の「日本橋三越本店」である。重要文化財に指定されているこの建物は、洋風のルネッサンス様式でつくられており、どっしりとした構えになっている。ところどころに、金色の入った華麗な装飾も施されていて、これが建物の高級感を演出することに、ひと役買っている。

本館正面玄関の両脇には、三越百貨店の基礎を築いた当時の支配人、日比翁助《ひびおうすけ》が注文した二頭のライオン像が設置されている。まるで店の「門番」を担っているかのように、毅《き》然《ぜん》と前を見据えて座っている。このライオン像は三越の象徴的存在でもあり、東京名物の一つとしても親しまれている。「三越のライオン前に〇〇時に集合ね」と、待ち合わせスポットとして利用されることも多い。

実は、百貨店の歴史が始まった「起点」も、この日本橋エリアだ。三越の前身である「三井呉服店」がおよそ四〇〇年前に日本橋に呉服商を構え、そして約一二〇年前に呉服商から近代的な商業施設を目指す「百貨店化」を宣言した。三越が日本橋で発したこの宣言から、日本における百貨店の歴史は幕を開けたのである。

世界初の百貨店「ル・ボン・マルシェ」

日本の小売業態は欧米で始まったビジネスモデルを模範にしつつ、そこに独自の仕組みを導入して発展したケースが少なくない。スーパーやコンビニエンスストア、ショッピングセンターなどがそうである。大規模小売店の先駆けとして台頭した百貨店の場合も、欧米にビジネスモデルの原点がある。

世界で最初の百貨店は、フランスのパリにある「ル・ボン・マルシェ」と言われている。アリスティドとマルグリットのブシコー夫妻。いまや百貨店業界でその名を知らぬ人はいないであろうこの夫妻は、一八五二年にパリの流行品店である「ル・ボン・マルシェ」の権利の半分を買い取り、事実上の経営者になった。

当時の小売店は、商品に値札がついていなかった。そのため、買い物客は店員に、商品の値段を一つひとつ聞かなければならなかった。しかも、すべて〝言い値〟だ。ひどいときには、店主の気分によって値段が変わることもあったようだ。

これに対して、ブシコー夫妻は、「定価明示」「現金販売」「返品可」など、公平で透明性の高い販売方法を採用した。消費者が一度入ったら、買い物をするまで出にくい雰囲気があった店舗スタイルも一変し、気軽に出入りできる「入店自由」を明確に掲げた。

「買い物が楽しくなるスタイルとは何か」。このテーマを追求し、ブシコー夫妻は数々の常識を打ち破る新しい運営方法を打ち出した。この革新的なスタイルが消費者に受け入れられ、「ル・ボン・マルシェ」は瞬く間に人気店になった。

フランスの消費者の間で話題が話題を呼んだこの運営方法は、やがて「新しいビジネスモデル」として世界に広がっていく。アメリカでは、一八五八年に「メイシーズ」がニューヨークで開業。イギリスでは、「ホワイトリー」が一八六三年にロンドンで創業した。ドイツでも、「ガレリア・カウフホーフ」が一八七九年に姿を現した。言ってみれば、「ブシコースタイル」の百貨店が、世界の標準となっていったのだ。

江戸の呉服店から、近代的な百貨店へ

アメリカや欧州を中心に諸外国に広がった百貨店のビジネスモデルは、明治時代になると日本にも入ってきた。

一九〇四年（明治三七年）、三井家は事業再編を進める中で、比較的事業規模が小さかった呉服店を分離独立させることにした。この過程において、それまで東京の日本橋で呉服商を営んでいた「三井呉服店」が、「三越呉服店」に改称する。法人形態も、それまでの合名会社から株式会社に変更した。

その年の一二月中旬から、三越呉服店は顧客や取引先に対して案内状を送付し、三越呉服店が三井呉服店の営業すべてを引き継いだことを伝えた。そして、その案内状には、会

社の方針として次のことを記した。

〈当店販売の商品は今後一層其の種類を増加し（中略）米国に行はるるデパートメント、ストーアの一部を実現致すべく〉

これが有名な「デパートメントストア宣言」である。今後は最先端のサービスと品揃《ぞろ》えで、顧客の満足と利便性の向上を追求する。つまり、三井家の事業から分離独立したことを機に、呉服商を過去のものとし、近代的な百貨店として生まれ変わることを顧客や取引先に公言したのだ。

そして、三越呉服店の初代専務に就任した日比翁助が、翌一九〇五年の一月二日、「時事新報」など全国の主要新聞に、「デパートメントストア宣言」を前面に押し出した一ページの広告を載せる。顧客や取引先といった、いわゆるステークホルダーだけでなく、マスメディアを活用して広く一般市民に、近代的な百貨店へと変貌《へんぼう》していくことを宣伝した。

このインパクトは相当なものだったに違いない。日本で百貨店が誕生した時期については諸説あるものの、一九〇五年に三越呉服店が新聞広告で掲げたデパートメントストア宣言を、「日本の百貨店の始まり」とする見方が現在は主流になっている。本書でも、一九〇五年をデパートメントストア宣言の年と定義する。

三越呉服店は、一六七三年（延宝元年）に三井高利《みついたかとし》が創業した「越後屋」を起源とする。その後、三井家の姓を取った「三井呉服店」へと屋号を変更。一九〇四年には、「〝三〟井」と「〝越〟後」を合わせて、「三越呉服店」と名乗るようになる。そして一九二八年に、三越呉服店は「三越（現在は三越伊勢丹ホールディングス傘下の三越伊勢丹）」へと商号を変え、現在にいたる。

呉服店を起源とする老舗の百貨店はほかにも、「髙島屋」や現J・フロント リテイリング傘下の「大丸松坂屋百貨店」などがある。ただ、長い間売上高で業界トップの座にあった三越が、業界全体が近代化を図るうえで、その牽引役《けんいん》を担っていたことは間違いないだろう。

先ほど、デパートメントストア宣言のくだりで、「百貨店へと変貌していくことを宣伝した」と記述したが、百貨店という呼称は、当初からあったわけではない。

実際、三越呉服店の宣言では、〈デパートメント、ストーアの一部を実現致すべく〉と、英語で「部門」を意味する「デパート」という言葉が使用されている。昭和の初めごろになっても、百貨店という呼称に統一されていたわけではなく、「小売大店舗」「百貨商店」などの呼び方も並存していたようだ。

やがて長い時間を経て、「多種類の商品を大きな売り場の中で、各部門にわけて販売する大規模な小売店」を意味する「百貨店」という用語が一般化した。これを最初に使用したのは、商店経営の研究者であり、同文館で発行していた『商業界』の主幹でもあった桑《くわ》谷定逸《たにていいつ》だったとされる。

「都市の近代化」が百貨店を生んだ

百貨店が誕生した背景には、都市の急速な近代化がある。

日本の経済は、明治時代の中ごろから産業革命が起こり、大きく変化していた。産業構造の転換は、都市へのいっそうの人口集中をもたらした。百貨店が創業し始めたのはこのころで、このような都市で生活する人々の要求に応えられるようにつくられていった。産業革命が起こり、人口の都市集中により大都市が出現し、特に、東京、大阪、京都、名古屋、横浜などで人口増加が目立っていた。そこに三越、大丸、松坂屋、松屋などの各百貨店が誕生したのだ。

百貨店の主な顧客は中流、上流階級の人々だった。各百貨店に得意なゾーンがあり、三越は商工業の資産家階級や京都の公卿《くぎょう》華族、大丸は比較的裕福な中流の一般市民、そして髙島屋は宮内省関係の宮家の顧客が多かったとされる。

また、三越は新しい顧客として、東京の西側にある高台に住む人々、いわゆる「山の手地区」に生活する人々を開拓した。江戸時代に建てられた武家屋敷は、明治時代になると空き家になっていたが、そこに地方から上京してきた官吏《かんり》、軍人、学者、銀行員、会社員などが移り住んできた。三越は、いわばこの「新しいエリート層」を主要顧客として取り込んでいったのである。

百貨店は、こういった上流・中流階級の顧客に向けて、明治の終わりごろから各種の商品を取り揃えていった。従来扱ってきた呉服に加えて、化粧品、帽子、児童用品、洋傘《ようがさ》、旅行用品などの商品も扱った。そして、鞄《かばん》、靴、玩具《がんぐ》なども置くようになり、確実にラインナップを増やしていく。

比較的早くから輸入品も取り扱っていた。当時は、国産品よりも輸入品のほうが、「質の良い商品」と考えられていたこともあり、輸入品の取り扱いを増やすことが百貨店のイメージを高めるうえで役立った。

三越の社史である『株式会社三越100年の記録』を見ると、話題の輸入品を取り揃えてきたことが年代ごとに紹介されていて、思わず読み入ってしまう。一九〇五年には、フランス、イギリス、アメリカの有名化粧品を発売。一九一八年には、アメリカで流行していたオートペット（かかと乗り自動車）を価格五〇〇円で販売。一九二一年には、ロンドンのバーバリー社から紳士用レインコートを輸入して販売開始——などなど。

さらに、百貨店は単にモノを売るだけでなく、「家族連れで楽しめる場所」としてレジャー機能も備えていった。

昭和ごろから広まっていった百貨店の食堂は、「女性や子どもを連れて行って、安心な洋食が食べられる」と人気だった。「お子様ランチ」などの子ども用メニューを開発したのも、百貨店の食堂だ。

三越は一九〇七年に、店内約一六五㎡の食堂を開設した。日本食のほかに、寿司、和洋菓子、コーヒーや紅茶などの飲み物を用意した。一九二九年に世界初のターミナルデパートとして誕生した阪急百貨店も、大食堂をオープン。目玉メニューがカレーライスで、当時高級だった洋食を廉価で販売し、爆発的な人気となった。

また、三越はデパートメントストア宣言をする前の一九〇〇年に、日本橋本店の階上、階下に休憩室《きゆうけい》を設けていた。小部屋に椅子、テーブルを置き、専属の接待係がつけられ、茶菓子が提供された。老舗百貨店の松屋も一九〇七年に、東京神田鍛冶屋町今川橋に構えていた店舗を三階建ての洋風に改装し、休憩所をつくっている。

さらに、遊園地などのエンタメ施設を設けた百貨店もある。三越は一九〇七年、本店の建物屋上に花壇、噴水池、藤棚などを配した庭園をつくり、「空中庭園」と称して展開した。一九三一年に開店した松屋浅草店では、さまざまな遊戯施設を集めた「スポーツランド」をつくった。

このような簡単な遊園施設だけでなく、さらに注目を集めようと、建物の屋上に動物園を設置した百貨店もある。一九二四年に開店した松坂屋銀座店では、屋上にライオンや豹《ひよう》などを展示した動物園を開設した。髙島屋も一九五〇年に東京店の屋上に、タイ王国から買い受けた小さなゾウを置いたことが話題となった。

こういった食堂やレジャー施設など、多くの機能を備えることで、やがて都市の中で百貨店は、女性や子ども連れの家族が気軽に一日を楽しむことのできる、数少ない都市施設の一つとして認識されていく。

なぜ百貨店は「憧れの場」となったのか

百貨店は「楽しい場所」というだけでなく、「憧れの施設」としても認知されていくようになる。

百貨店はエレベーターやエスカレーターといった当時最先端の設備を、いち早く導入している。三越は一九一四年に本店新館を開店した際に、業界で初めてエスカレーターを設置。白木屋も一九一一年に、業界初のエレベーターを設置した。

髙島屋は一九三二年に全館オープンした南海店（南海電気鉄道が大阪・難波に建造した南海ビルディングに、テナントとして入居。現・大阪店）と、翌一九三三年に竣工《しゅんこう》した東京店（現・日本橋店）に、国内百貨店で初めて全館に冷暖房装置を備え、耳目を集めた。百貨店は、こうした近代設備を手軽に体験できる場所でもあった。

百貨店が都市生活者の「憧れの施設」であったことは、当時流行したキャッチコピーからもわかる。三越がルネッサンス様式の新館を完成させた一九一三年ごろから、世間では「今日は帝劇、明日は三越」というキャッチコピーが話題になった。

帝国劇場のプログラムに掲載されたこの広告文は、いまなお「広告キャッチコピーの傑作」とされる。歌舞伎座のプログラム広告「今日は芝居、明日は三越にお出下さい」を下敷きにしたもの、と言われている。

このキャッチコピーは、百貨店が「帝劇と並ぶ大都市の象徴」であることを消費者に印象づけた。伊勢丹出身の飛田建彦《とびたたけひこ》は著書『百貨店とは』（国書刊行会）の中で、当時の様子を次のように述べている。

帝劇に行ったことのない庶民層も、いつかは三越の客として贅沢を味わう日の来ることを願うようになりました。

このように、百貨店は庶民層の憧れの場として見られるようになった。

また、百貨店は、庶民にとって憧れの対象である上流階級から中流階級の上層部分、いわゆる金持ち層を顧客の主体としていたため、そうした層に対して丁寧な接客を重視した。今で言う「おもてなし」である。

百貨店はその際、百貨店独特の「お帳場《ちょうば》」と呼ばれる特別なサービスを提供した。これは不特定多数の顧客に同質のサービスを展開するのではなく、金持ち層を中心とする主要顧客に、他の一般顧客とは違う特別な待遇をすることである。

「お帳場」は、いわば「限定された顧客」に対する販売サービスであるが、その売り上げはかなり大きかった。今でも、営業担当者が顧客の家まで行って対応することもあれば、ホテルなどで催事を行い、高級品を買いやすい価格で提供することもある。このような百貨店独特の「お帳場」制度もまた、百貨店の高級なイメージを高めていく要素となった。

百貨店はビジネスとしての事業を拡大していく一方で、街を活性化させる施設として、文化や芸術面の企画も意識して展開してきた。

例えば、三越は設立以来、文化、芸術、教育などを通じて社会に貢献することを重要視している。一九〇五年に諮問《しもん》機関として、学者や知識人など、各界で活躍中の人材を集めた「流行会」を社内に設置した。ここでの研究・討議の中から、子どもの夢をかりたてるような品々を展示する「児童博覧会」をはじめ、各種文化的催し物の企画が次々と生み出されていった。

明治から大正、そして昭和に時代が移行していく、日本が近代化の道を切り開いていく過程で、百貨店はモノを売るだけではなく、レジャーや文化機能を備えた施設へと変わっていった。そして、高級さを演出し、さらに文化を創り出す憧れの存在として、消費者の間に定着したのである。

「店前現銀無掛値」というイノベーション

これまで施設面、機能面を中心に百貨店の特徴を取り上げてきた。ただ、忘れてはならないのは、百貨店は小売業界のイノベーターとしても、歴史的な「起点」となったことである。

百貨店として生まれ変わる以前、呉服商を営んでいた時代から、この業態は革新的な販売手法を生み出していった。今では当たり前となった小売業の慣習の多くが、百貨店に起源を持つ。三越の前身で、江戸時代の一六七三年に創業した呉服店「越後屋」は、日本橋に構えた店舗で次の方針を掲げた。

「店前現銀無掛値（たなさきげんきんかけねなし）」

店頭での現金販売、そして定価販売を大々的に取り入れたのである。当時は、現金扱いの販売は、場末の小さな店でしか行われていなかった。

大きな店では、見本を持って得意先を回り、注文を取って歩く「見世物商い《みせものあきない》」か、品物を直接得意先に持ち込む「屋敷売り」が一般的だった。しかも、支払いは盆と暮れの二回だけという「掛売り」方式だった。しかし、これでは手間はかかるし、金利がかかるので、商品の価格も高くなる。資金の回転率も悪かった。

そこで、越後屋は店舗を自由に出入りできるようにし、加えて出張や集金の手間を省く「店頭販売」に軸足を置いて経費を節減し、「現金販売」にすることで資金の回転を早めた。さらに、掛け値なしの「定価販売」を採用することにより、公正で明瞭な販売が可能となり、顧客に安心感を与えた。この当時画期的だったシステムは、結果的に商品の販売量を増やし、顧客層の拡大につながった。

また、越後屋は「店前現銀無掛値」と同時に、「切り売り」を店舗のスローガンとして掲げた。当時の呉服屋は、織物を一反《いったん》単位でしか販売していなかった。それを越後屋は「小裂何程《こぎれなにほど》にても売ります」と、顧客の要望に応じて切り売りを開始し、江戸町民の需要を掘り起こした。

越後屋が打ち出したこういった新しい手法を整理すると、次の要素が含まれていることがわかる。

「入店自由」
「定価販売」
「現金販売」
「薄利多売」

これに「返品自由」を加えた五つの要素は、現在は百貨店というよりも、小売業の特徴、性格として、当たり前のように備わっている。

先ほど述べたように、一八五二年に誕生したフランスの「ル・ボン・マルシェ」は「入店自由」「定価明示」「現金販売」「返品可」など、公平で透明性の高い販売方法を採用して人気を得た。ところが、海外から百貨店のビジネスモデルが入ってくる前から、日本でもこのような販売手法が確立されていたのだ。「ル・ボン・マルシェ」の誕生は一八五二年なので、それよりもおよそ二〇〇年も前の江戸時代から、日本の呉服店には「入店自由」「定価販売」「現金販売」「返品自由」「薄利多売」のシステムが導入されていたことになる。

小売の常識は百貨店から生まれた

その後の成長過程で、百貨店の大きな特徴となっていったのが、百貨店に行けば何でも揃うという「総合性」である。「たくさんの種類の商品を、大きな売り場の中で販売する」ことを意味する〝百貨〟店は、多種多様な商品を「ワンストップ」で扱うことを持ち味としてきた。

多岐にわたる商品を扱うため、呉服、洋服、家具など、部門別に商品管理を行い、経営組織を整備していった。もともと、三越が「部門別に管理された店」という意味がある「デパートメントストア」を名乗っていたことからも、多種多様な商品を扱うことが百貨店の特徴であることがわかる。

さらに、百貨店が打ち出した革新的な販売手法として、「陳列販売」がある。まだ呉服商だったころの百貨店は、「座売り方式」を採用していた。畳の上に番頭が座り、硯箱《すずりばこ》や算盤《そろばん》、大福帳を置いて応対し、顧客の求めに応じて品物を四種、五種と取り出して見せて商売した。

だが、三越はこのような営業手法を非効率と考え、顧客の便宜《べんぎ》を図るために陳列販売を考えた。一八九五年、日本橋の店舗で二階部分を改装し、そこに十数台のガラス張りのショーケースを並べた。これで顧客はケースとケースの間を歩きながら、陳列品を自由に閲覧《えつらん》できるようになった。

さらに三越は、一九〇〇年に座売り方式を全廃し、全館を陳列販売にした。それまでは品物の見栄《みば》えを良くするために、暖簾《のれん》で店内を薄暗くし、なるべく商品を多く見せずに顧客を満足させるのが、番頭の腕とされてきたが、この旧来の座売りを完全になくした。店内を明るくし、ガラス張りのケースに商品を並べる陳列販売方式へとすべて切り替えた。

松坂屋の前身・いとう呉服店も、一九〇五年に名古屋店で座売り方式を廃止し、陳列販売へ切り替えている。いとう呉服店は一九〇七年には、東京の上野店でも座売りの廃止と陳列販売への全面的な切り替えを実施した。

陳列販売が浸透したことで、顧客は購買予定の有無にかかわらず、陳列された商品を自由に見て回ることができるようになった。同時に、百貨店ではショーウィンドーの設置も進められた。

日本では、一八九六年に髙島屋が京都南店にショーウィンドーを設置したのが始まりとされている。高島屋は一八九八年に開店した大阪店にも、ショーウィンドーを備えた。東京では、一九〇三年に白木屋が三階建ての店舗の新築にともない、ショーウィンドーを設置したのがもっとも古いとされている。こうして、百貨店各社はショーウィンドーに商品を展示することで、通行人の目を引くようになった。

最後に、百貨店の特徴として、「対面販売」をあげておきたい。これは、他の小売業態ではあまり見られない、百貨店の大きな特徴の一つとなっている。

後に誕生するスーパーやコンビニエンスストア、ショッピングセンター、そしてカテゴリーキラーと呼ばれる専門量販店は、顧客が買い物かごを持ち、自分で商品をレジに持っていく「セルフサービス」を採用するケースがほとんどだ。これに対して、百貨店では店員が顧客と対面し、商品の説明をしたり、買い物の相談に乗ったりしながら販売をする。

例えば、百貨店とGMS（総合スーパー）を比べると、高級な商品を揃えるか、比較的安い価格の商品展開に重点を置くかといった取扱商品の違いだけでなく、接客をしながらの対面販売を主とするか、顧客が商品をレジに持っていくセルフ販売を主とするかが、両者の大きな違いになっている。

百貨店のルーツである「呉服店」

これまで、百貨店の成り立ちや特徴を見てきた。現在は、全国に七九社二〇二店舗の百貨店がある（日本百貨店協会の会員数、二〇一九年五月末現在）。ただ、一口に百貨店と言っても、そのルーツは大きく次の二つの類型に分けることができる。

①三越、髙島屋、白木屋、松坂屋、松屋、大丸など、呉服系百貨店
②阪急、京阪、京急など、電鉄系百貨店

呉服系百貨店のルーツは、江戸時代の呉服店にある。

もっとも古い歴史を持つのが、松坂屋の前身・いとう呉服店である。一六一一年（慶長一六年）、織田信長の小姓であった伊藤蘭丸祐道《いとうらんまるすけみち》は、「本能寺の変」の後、武士を捨て商人になった。これが、いとう呉服店の始まりとされる。

その松坂屋と二〇〇七年に経営統合した大丸もまた、古い歴史を持つ。一七一七年（享保二年）、下村彦右衛門正啓《しもむらひこえもんしょうけい》が、一九歳のときに古着商「大文字屋」を屋号にした、小さな店を京都の伏見に開いた。大丸ではこれを創業としている。

大丸は、「先義後利」という経営理念を掲げた。顧客第一主義を徹すれば、利益はおのずとついてくるという考え方だ。この「先義後利」という考え方は広く伝わり、今でも会社経営者が、経営の基本方針として唱《とな》えることが少なくない。

一六六二年（寛文二年）には、江戸日本橋に白木屋呉服店が創業している。今はなくなってしまった東急日本橋店の前身である。

白木屋の創業から遅れて一一年経った一六七三年（延宝元年）、同じく日本橋に呉服商の越後屋が誕生している。江戸本町一丁目（現在の日本銀行が本店を構えるあたり）に店舗を構えた。

創業者の三井高利は、三重県の伊勢松坂で、代々三井越後守を名乗る武家であった三井家の出身。伊勢松坂で質屋を営むかたわら、酒、味噌を商っていたが、その後、江戸、京都、大坂の三都市に呉服店、両替店を次々と開店していった。先述した「店前現銀無掛値」など、自ら編み出した新商法によって地歩を築き、幕府の呉服御用達《ごようたし》、金銀御為替《おかわせ》御用達をつとめた。

髙島屋が創業したのは、いとう呉服店が姿を現してから二〇〇年以上経った、一八三一年（天保二年）のこと。初代の飯田新七《いいだしんしち》は二六歳のときに、京都・烏丸《からすま》で米穀《べいこく》商を営む髙島屋、飯田儀兵衛《いいだぎへい》の長女・秀と結婚し、婿《むこ》養子となった。新七は分家独立して、本家のすぐ近くに家を借り、古着と木綿の商いを始めた。これが髙島屋の始まりとされる。

髙島屋が歴史のある呉服屋を祖業とする老舗の百貨店であることは間違いないが、それにもかかわらず、今でも「当社は歴史が浅いですから」と口にする社員が多い。これは大丸や松坂屋、三越といった百貨店が一六〇〇年代、一七〇〇年代に創業していることに比べると、それよりも遅れて誕生したからである。

こういった三越、松坂屋、大丸、髙島屋などの呉服系百貨店が、その後近代的な百貨店形態を取るのは、明治の終わりから大正にかけて。大都市圏に人口が集中していった時代であり、資本主義の発展にともなって商品の大量生産体制が整備されたことと連動し、消費者の要望に応えるようにして百貨店は規模を拡大していった。

「鉄道会社」がターミナルデパートを生んだ

呉服系とは違う、百貨店のもう一つのルーツが、電鉄会社を母体にしたターミナルデパートである。

ターミナルデパートが産声《うぶごえ》をあげたのは、〝商人の街〟大阪だった。一九二九年（昭

「阪急うめだ本店」／提供：エイチ・ツー・オーリテイリング

和四年）、阪神急行電鉄直営の阪急百貨店が、大阪の梅田駅に開業した。ターミナルデパートの設立は、世界で初めてだった。

阪急百貨店が開業時に力を入れたのは、一般雑貨や食料品、そして家具や小間物、玩具といった家庭で使う日用品で、呉服も高級なものは扱わない方針で出発したという。

創業者の小林一三《こばやしいちぞう》は慶應義塾を卒業後、三井銀行に入行したが、一九〇七年に当時は無名だった関西の弱小私鉄「箕面有馬《みのおありま》電気軌道」（阪急電鉄の前身）に転職する。ここから阪急百貨店が生まれることになる。

小林一三が目指したのは、「大衆第一主義」という言葉で表される、大衆が主人公となる社会だった。風光明媚《めいび》な田園地帯に居住し、休日には歌劇や映画を楽しんで百貨店で買い物をし、家族で夕食を楽しむ。そういった生活文化を築くことに力を注いだ。

小林一三は理想の生活文化を実現するために、当時の経営者が考えもつかなかったアイデアを打ち出した。鉄道の乗客を他から誘致《ゆうち》するのではなく、「創り出す」という新しい発想で、沿線の土地を買い占めてはそこに住宅を次々と建てた。

そして、都会では家を借りるとの考えしかなかった時代に、日本初の住宅ローンを組むことによって、大衆層が郊外でマイホームを持つことを可能にした。この住宅施策により、沿線人口を爆発的に増大させたのだ。

沿線に住む人が余暇《よか》を楽しむために、女性や家族連れでも楽しめるエンタテインメント施設をつくることにも着手した。その一つが、宝塚少女歌劇団である。これが世界でも例を見ない女性だけの劇団として、今や年間二〇〇万人超えの観客動員数を誇る宝塚歌劇団へと発展している。

こうした流れの中で、理想とした生活文化の集大成として、一九二九年に世界初のターミナルデパート阪急百貨店を開業する。地下二階、地上八階という当時では群を抜いた規模を持ち、従来の高級百貨店としてではなく、より多くの人々に親しまれる百貨店を目指した。

小林一三がターミナルデパートを建設した理由に、人通りの多さをあげている。自ら書いた「私の経営法」より抜粋した小林一三の言葉として、次のような記述がある。

人の懐を勘定して見ると、その当時は松屋が一日に彼れ是れ五万人、三越が八万人くらゐ、これだけの御客様を集めるのにそんなに金を使はなければならぬのならば、吾々の阪急のターミナルは当時一日十二三万人、御客様は放って置いても一日に十何万あるのですから、お客様を無理からに集める経費がいらない、此経費がいらぬものとせば私達は何処より安く売ることが出来る。それが出来れば占めたものである。

（小林一三「私の経営法」『小林一三全集 第三巻』ダイヤモンド社）

ほかにも、小林一三は鉄道とともに箕面公園の動物園、宝塚新温泉などのレジャー施設も開設していった。沿線の住宅地も、さらに積極的に開発していく。都市生活者の新しいライフスタイルというだけでなく、「関西圏の文化そのものを築き上げた」と言っても過言ではないだろう。

阪急百貨店の誕生を受けて、各鉄道会社は東京や大阪など、都市部のターミナル駅に系列百貨店を設立する動きを活発化させた。

一九三四年、東京横浜電鉄(現・東急電鉄)の百貨店部として、渋谷駅東口に東横百貨店(後の東急東横店、二〇二〇年三月閉鎖)が姿を現した。ちなみに、先に書いた白木屋は、一時は三越や大丸と並ぶ「江戸三大呉服店」の一つに数えられる百貨店に成長したが、業績低迷を受け、一九五六年に東急電鉄の傘下に入る。鉄道系百貨店と呉服系の百貨店が融合する、当時としては珍しいケースとなった。

一九三五年には、大阪電気鉄道(現・近畿日本鉄道)が、当時本社を構えていた大阪の上本町に大鉄百貨店を着工、一九三七年に開業した。その後、近鉄の本社が上本町から阿倍野に移転することにともない、近鉄百貨店も一九四四年に現在の阿倍野店の場所に置かれた。これが現在、高さ三〇〇mを超える、日本で一番高い高層複合ビル「あべのハルカス」に入居する「あべのハルカス近鉄本店」である。

それから時代を経て、京阪電気鉄道も百貨店の経営に乗り出している。一九八五年に大阪府守口市に守口店を開店するにあたり、当時は百貨店経営のノウハウが少なかったために、阪急百貨店に百貨店準備室の社員を派遣して研修を行ったという。

このようにして、ターミナルデパートが全国各地の大きな都市に建設されていった。

「百貨店法」という足枷

百貨店の盛衰を語るには、「百貨店法」の推移についてもふれないわけにはいかない。

日本で初めての大規模小売店舗規制法である百貨店法が制定されたのは、一九三七年（昭和一二年）。百貨店の事業拡大、取扱品目数の増加にともなって、中小小売店に及ぼす影響が問題となり、そういった中小小売店の経営を保護するために制定された。百貨店法によって、百貨店の開業、店舗の新増設については、原則許可制となった。閉店時刻や休業日も定められた。

その後、GHQによる経済統制の廃止とともに百貨店法も廃止されたが、一九五〇年代に入ってからの経済成長によって百貨店の活動が再び活発になると、中小小売店からの反発も高まり、一九五六年に第二次百貨店法が公布されることになる。

百貨店法上では、店舗の新増設は通商産業大臣の許可を必要としたが、実際上の手続きは地元の商工会議所にある商業活動調整議会にはかり、その結果を通商産業省（現・経済産業省）の百貨店審議会にかけた。審議会で意見を聞いたうえでの通産大臣の許可といっても、実質上は地元各界の代表が集まっている商業活動調整議会で決定されていた。つまり、百貨店の店舗新増設は地元小売店の意見に左右された。

そのため、百貨店は自らの意思だけでは、店舗の新増設ができなくなった。こういった数々の規定により、呉服商として創業した当初から革新的な販売手法を生み出し、発展してきた百貨店は、まるで手足を縛られたかのような形となった。一段の成長を目指して、新しい展開を試みるバイタリティを失ってしまうことになる。

『株式会社三越１００年の記録』を紐解《ひも》くと、百貨店法によって百貨店が活力を削《そ》がれた様子がわかる記述がある。

政府は8月13日、「百貨店法」を公布し、10月1日から施行した。小売業界の強い要望によって法制化されたとはいえ、同法は決して百貨店・小売店間の調整を目的としてつくられたものではなかった。営業の許可制、出張販売の許可制、支店・出張所ほかすべての店舗について新設・拡張・移転の許可制、営業時間・休養日の統制と何をするにも当局にお伺いをたてなければならない。さらに、営業統制機関として強制加入の百貨店組合をつくり、廉売の取締りや無料配達区域の協定などを行わせることにしている。

同法の施行によって、自由経済下で流通業界をリードしてきた百貨店の機能は、逐日物資配給機関へと低下していくことになった。

これはページの片隅、コラムのような枠に掲載されている中に出てくる一文に過ぎない。だが、「物資配給機関へと低下した」とまで言い切っている。慎重に言葉を選ぶ傾向にある百貨店関係者が、ここまで書くのは珍しい。それまで革新的な手法で業界をリードしてきた百貨店が、百貨店法により手足を縛られてしまった。当時の政府に対する怒りが、にじみ出てくるかのような一文である。

第一章 商い——「モノ」が売れない時代に何を売るか

百貨店の雄「三越」による商品ラインナップの拡充

呉服屋を起点とする百貨店が、定価販売や陳列・対面販売など、革新的な販売手法を次々と導入し、小売の世界を変えた。現代につながる、日本の小売スタイルそのものを築きあげてきた。また、鉄道会社が集客力の高さに目をつけ、旗艦《きかん》となる駅にターミナルデパートをつくった。ターミナルデパートは日用品の品揃えを拡充し、食堂などの施設を備えた。こういった施策により、百貨店の主要顧客であった高所得者層だけでなく、比較的裕福な一般大衆も顧客として取り込んでいった。

このように「日本で初めての大規模小売店」である百貨店は、その後、情報発信機能や文化・教育機能なども備えていく。単にモノを売る店舗なのではなく、街全体を活性化させるためになくてはならない存在として、地域の顔、つまり街のランドマーク、シンボルにもなっていった。

独自の地位を築き上げた百貨店。さまざまな機能を備えているとはいえ、百貨店が「モノを売る場」であることを基本としていることには疑いがないだろう。「何でも揃っている小売店」という意味の「百貨店」という呼称が定着したことからも、モノを売ることが主要機能であることがわかる。

では、どのようなモノを扱ってきたのだろうか。やはり時代の移り変わり、需要の変化により、内容は徐々に変わっている。変遷を詳しく見ていこう。

一六七三年（延宝元年）に、東京・日本橋に呉服店「越後屋」として誕生した三越は、当初はやはり呉服の販売を軸にしていた。現金での正札販売という透明な販売手法を導入したことで、消費者の支持を受け、呉服の売り上げを伸ばしていった。

その後、同じ日本橋エリア内で店を移した越後屋は、一六八七年に本店の近くに綿店《わただな》を開設。本店は京都の問屋から仕入れた高級な絹織物を中心に扱っていたのに対し、綿店は木綿、関東絹などの比較的安価な商品の仕入れ販売を行い、本店と機能を分散した。高価格帯と低価格帯の二つのチャネルを、それぞれの店舗で展開したのである。

呉服を手掛けていた三越は、明治末期にかけて品揃えを広げていった。デパートメントストア宣言をした一九〇五年（明治三八年）には、フランスやイギリス、アメリカの有名化粧品を取り揃えた。このころには富裕層の間で、欧風化の広がりとともに輸入品がもてはやされるようになっていた。三越は化粧品のほかに、帽子、小児用服飾品といった分野でも、輸入品を広げていく。

化粧品に始まったラインナップ拡充の動きだが、その後もこの傾向が鮮明になっていく。帽子、小児用服飾品を加えたあとにも、一九〇七年には鞄、靴、洋傘を揃えた。一九〇八年には、貴金属、煙草、子ども用品、文房具など、呉服以外の商品をさらに増やしていった。

興味深い商品として、このころの流行品であった「三越ベール」を取り上げたい。薄地の絹織物でつくられたこのベール。三越は色合い、大きさとも豊富な種類を揃えた。刺繍など模様をつけたものもあった。髪形を隠さずに路上の砂や塵《ちり》を遮《さえぎ》ることができる実用性と、綺麗に見えるおしゃれとしての機能を備えていたため、当時大流行したという。一枚二円一五銭で売られていたようだ。

この流行品でわかることは、当時の百貨店は時代のニーズを捉えることが巧みであったこと。そして、もう一つ、需要の増加を見込める商品を、製造業と連携して開発する動きがあったことだ。現在の百貨店は、消費者の購買行動の変化に対応し切れておらず、メーカーと連動する動きもあまりない。

先ほど記述したように、三越は比較的早くから輸入品を取り扱っていた。国産品よりも輸入品が質の良い商品と考えられていたこともあり、輸入品の取り扱いが百貨店のイメージを高める役割を担った。

特に、化粧品は女性にとって必需品ということもあり、その後、百貨店の主力商品の一つになっていく。化粧品売り場は見た目が華やかなこともあり、アクセサリー売り場とともに、店舗の一階に設置されることが多い。

百貨店側にとっては、華のある化粧品やアクセサリー売り場をたくさんの人が出入りする一階に設置すれば、店舗のイメージアップにつながる。また、集客効果がある化粧品やアクセサリー売り場で女性客を引き寄せて、さらに上の階のフロアへと誘導していく狙いもある。いわゆる「噴水効果」を期待している。

もっとも、化粧品は独特の匂いがある。化粧品売り場を上のフロアに設置した場合、重さによって空気が下に降りようとするために、下のフロアにも化粧品の香りが移動してしまう。その点、建物外に近い一階フロアに化粧品売り場を設置すれば、空気が換気されるため、香りが充満しにくくなる効果もある。

話を戻そう。大正時代に入ると、国産品にも再び注目が集まる。工場の生産技術の向上とともに国産品の製造品目が増え、中には質の面で欧米品をしのぐものも現れ始めた。三越は一九一三年に、国産優良品を顧客に紹介する陳列会を開催した。その年には、品質の良さに定評のあった「ミツワ石鹸」と連携して、三越の刻印を打った専用の商品を販売している。

意匠・図案で貿易会社としての機能を担った「髙島屋」

三越と同じく、呉服店をルーツにする老舗百貨店の髙島屋は、どのような動きを辿ったのだろうか。

やはり当初は呉服を主力に展開していたことは変わりないが、他社とは違う独特の動きをしていた側面がある。象徴的なのは、商品輸出や外国人向けの販売強化にいち早く乗り出したことだ。

一八七六年（明治九年）、京都・烏丸にある店舗に来店したアメリカの商社スミス・ベーカー商会が、帛紗《ふくさ》（方形の絹布）などを大量に購入していった。その後も、織物や工芸品を求めて、多くの外国人が来店するようになった。

三代目当主の飯田新七は病弱だったが、一方で優れた意匠・図案の創作センスを持ち合わせており、多くの美術織物や工芸品を世に出していった。これが外国人顧客の間で評判になっていたようだ。髙島屋の社史『おかげにて一八〇』には、三代目・飯田新七につい

「新宿高島屋」

て次のように記述されている。

　はじめは商人というよりもデザイナーとして、その天分を発揮しました。とくに、意匠の創作には力を注ぎ、明治十五年（一八八二）には、当代一流の画家・工芸家を選んで下絵を描かせて、それに刺繍《ししゅう》を施し、ビロード友禅《ゆうぜん》、綴錦《つづれにしき》などに加工して、壁掛、屏風《びょうぶ》、衝立《ついたて》、着物など、わが国有数の美術工芸品を完成させました。

　こういった創作的な商品が、外国人の間で評価された。また、これを商機と捉えた高島屋は、一八八七年に京都・烏丸の本店に隣接した場所に北館をつくり、その二階に貿易部を新設した。そして、欧米視察に繰り出し、欧米の文化や商品を直接確かめた。一方で、この視察を通じて、日本の美術工芸品への高い評価を知り、貿易の重要性を感じ取っていく。その後、髙島屋はバルセロナ、パリ、シカゴなど、世界各地で開催される万国博覧会に、積極的に出品・出店していった。

三越がデパートメントストア宣言をしたのは、一九〇五年のこと。業界はその後、呉服屋の機能を進化させて、百貨店化の道を突き進む。ところが、デパートメントストア宣言の一〇年以上も前、髙島屋は店頭でモノを売る呉服屋の機能を進化させることよりも、むしろ貿易会社としての運営を先に強化していたのである。意匠・図案のセンスの良さを基盤にしたことと合わせて、髙島屋らしい独特の動きといえる。

髙島屋がデザイン性の高さを生かして拡販に乗り出した商材は、衣類だけではない。内装やインテリアなど、装飾分野にも力を注いだ。一八八五年に、大阪府庁舎に窓掛装飾品の一式を納入。これをきっかけに、その後も帝国ホテルへ装飾品を納入し、ほかにも官公庁やホテル、鉄道などへも卸《おろ》していった。一八八七年、宮内省（現・宮内庁）から皇居の窓掛をはじめとする織物の注文を受けており、一八九七年には「宮内省御用達」の指定を受けている。こうして装飾分野をますます伸ばしていった。

室内装飾品に需要があることを見込んだ三越も、徐々に家具・室内装飾の分野に進出していった。一九一二年に、和洋いずれの家屋にも調和する「和洋折衷」の室内装飾や家具製作に力を入れた。売り場では、伝統的な日本家屋の床の間に当たる部屋に絨毯《じゅうたん》を敷いて、椅子、テーブルを配したスタイルを展示した。こうした商材をトータルで提示する宣伝方法が、後のセット販売につながっていく。

大衆化の動きと「関東大震災」

ここまで、江戸時代に創業した呉服系をルーツにする百貨店が、明治の後半ごろまで、富裕層を対象に高級なモノを販売してきたことを述べてきた。だが、百貨店各社は新たに、ビジネスパーソンや労働者にまで顧客層を広げる活動を見せ始め、扱う商品もさらに広げていく。

三越は一九一〇年一〇月に、大阪支店で「さかえ日」、同年一一月に東京支店で「木綿デー」と称して、実用呉服や木綿製品、日用雑貨、食料品といった大衆向け実用品の安売りを行った。「さかえ日」は、四日間の会期予定が二日で打ち切られている。大盛況だったため、商品の品切れを起こしたのである。「木綿デー」にも連日数万人の客が押し寄せて、騎馬巡査が出動するほどの騒ぎになったという。

大正時代の半ば、一九二〇年代以降になると、百貨店は大衆化戦略をより強化し、高級品売り場は残しつつも、大衆向きの食料品や雑貨、小間物、化粧品、格安衣料品といった普段使う日用品の展開に傾注していった。

そしてこのころ、百貨店が本格的に生活必需品の販売に乗り出す、きっかけとなった事件が起きる。関東大震災の発生である。

一九二三年（大正一二年）九月一日に発生した関東大震災は、日本の百貨店の営業のあり方に大きな影響を与えた。被災した東京の各呉服店は大損害を受け、一部の建物が倒壊した。火災によって焼け落ちた建物もあった。三越は本店が全焼し、一時は解散説が出たほどだ。被害が大きかった老舗百貨店の松屋も、「解散を考えた」と言われる。

ただ、被災の動揺から立ち直った各呉服店は、被災者向けのサービスとして、各所に臨時営業所を開設し、生活必需品の販売を始めた。急ごしらえのバラック店舗や、わずかに焼け残った施設などを利用しての販売だった。

このときの活動で、百貨店業界の中で特に語り継がれているのが、いとう呉服店である。

いとう呉服店は、上野店が火事によって全焼。一方で、名古屋本店と大阪店では仕入れ網をフル活用して、バケツ、釜《かま》、浴衣《ゆかた》、蚊帳《かや》、布団《ふとん》などの生活必需品を買い集め、上野店に送った。こういった動きは、三越や白木屋よりも早かったようだ。

また、いとう呉服店は手ぬぐいや石鹸、食器などを入れた慰問袋をつくり、荷車に乗せて無料で配布して回った。さらに、東京市庁（東京市は東京の東部に一八八九年から一九四三年まで存在していた）から、市民への物資配給の委託を受け、市内各所に「東京市設衣類雑貨臨時市場」を開設し、日用必需品を販売した。

このように、関東大震災の混乱時における、いとう呉服店を中心とする各呉服店の行動が、大衆のイメージを大きく変えた。飛田建彦著『百貨店とは』では、当時の様子が次のように描かれている。

> 各呉服店が、各所に臨時店舗を設けて生活必需品の販売という被害者へのサービスを行ったことによって、従来、都市の中央にあった近寄りがたい百貨店という営業形態が、幾つもの小さな店に分かれて一般大衆の中に入り込むことになりました。日本の百貨店は、欧米に比べると日常生活に直結した食料品の比率が高

いという特徴がありますが、震災直後の復興努力の過程から、百貨店で食料品を扱うという今日の「日本の百貨店」の原型が出来上がったとも言えるのです。

東京だけでなく、大阪でも百貨店による大衆化路線が明確化していく。一九二九年、大阪の梅田駅に設立された阪急百貨店は、「大衆第一主義」を掲げ、開業時には一般雑貨や食料品、そして家具や小間物、玩具といった家庭で使う日用品の販売に力を入れた。呉服も高級なモノは扱わない方針で出発した。

こういったターミナルデパートの台頭も、百貨店各社が大衆向け商品のラインナップを増やしていくことを後押しした。

なぜ「三越前駅」には社名が入っているのか

ここまで述べてきたように、関東大震災の発生やターミナルデパートの出現は、百貨店が大衆向け商品を増やしていくきっかけになった。そして、一九三〇年代に入るともう一つ、百貨店の商品ラインナップが広がる要因になる環境変化が起きる。地下鉄と地下街の誕生である。

日本の地下街は、昭和初期の地下鉄の登場とともに誕生した。その後、一九五〇年代から一九六〇年代にかけて、大都市圏の駅周辺ターミナルを整備する動きの中で、数多く開発された。

百貨店各社はこれを好機と捉え、地下街、あるいは地下鉄道と連携することで人が流れてくる仕組みを構築していく。初期からさかのぼって見ていこう。

「東京地下鉄（現在の愛称は東京メトロ）」に、百貨店を地下鉄に直結する話を最初に持ちかけたのは三越である。一九三二年、銀座線に「三越前駅」が開業した。企業名が駅名になっているケースは、現在でも珍しい。この駅は三越が建設費用を全額負担してできた駅だ。駅建設の費用を三越が負担するかわりに、「屋号を駅名にする」ことや、駅から直接三越に出入りでき、地下鉄利用者が百貨店に流れやすくなるような「改札口を設置する」ことを要請した。

その後も、百貨店が建設費の一部を負担することで、駅から店舗に出入りしやすい改札口をつくるケースが増えていく。東京地下鉄の「上野広小路駅」が開設した際には松坂屋が、「日本橋駅」の建設の際には白木屋と髙島屋が、さらに「銀座駅」の建設にあたっては松屋が、建設費の一部を出資し、駅からの顧客の流れがスムーズになる動線を設計していった。

こういった動きと同時に、地下鉄の周辺に他の小売業態も数多くできた。一九三〇年に、東京地下鉄上野駅の地下に浅草〜上野を結ぶ地下鉄が開業したあと、上野駅周辺の通路沿いに、食料品、菓子、日用雑貨などを販売する会社直営の地下鉄ストアが出現した。

地下鉄駅の開業をきっかけに地下街が設けられた現存する最古のケースは、浅草だとされる。「浅草地下街」は一九五五年一月、東京都地下街許可申請の第一号として誕生した。地元の有志が、地下街管理運営会社として浅草地下道株式会社を独自に設立し、開発したものだ。

現在も、地下街として全国で最大級の面積を誇るＪＲ東京駅八重洲口の「八重洲地下街」は、経営母体の八重洲駐車場株式会社が一九五八年に設立されると、同社を中心に都市計画に基づいて公共駐車場と地下道を整備していったものだ。八重洲口に拠点を構える大丸やヤンマー、そして地元の八重洲大通り商店会の会社も集まって一体開発し、一九六五年に八重洲地下街は開業した。

「デパ地下」の誕生と食料品フロア

このように主要な百貨店には地下鉄と直結する出入り口が設けられ、またその周辺には地下街がつくられたこともあり、それまで以上に人が集まるようになってきた。となると、百貨店の地下フロアは人々がもっとも出入りしやすい、回遊性の高いゾーンになる。各百貨店はそこに目をつけ、集客力のある食料品を地下フロアに置くようになった。いわゆる、「デパ地下」の誕生である。

日本で初めて、デパ地下のスタイルを築いたのは松坂屋名古屋店、と言われている。一九三六年、地下フロアを食品売り場に変え、「東西名物街」としてオープンした。京都の和菓子、東京の洋菓子やつくだ煮、大阪の昆布など、東西の名店を開設して、顧客を呼び込んだ。

松坂屋名古屋店は現在でも、地下一階、地下二階で「ごちそうパラダイス」と称して飲食店や食料品売り場を展開しており、多くの来店客で賑わっている。名古屋周辺で本格的な地下街が姿を現す前に、松坂屋名古屋の地下フロアでは、食料品を顧客誘致の「呼び水」にしていたのだ。

名古屋では一九五七年に、本格的な地下街「サンロード」が誕生した。同時期に名古屋地下鉄が開設され、それに合わせて名古屋駅地下街と栄地下街が整備されていった。現在も名古屋駅前と栄を中心とする地下街は、豪華なモーニングを出すことで有名な喫茶店や、きしめん、ひつまぶしといった「名古屋めし」の飲食店などが集まって、地下街自体が街の代名詞のような存在になっている。

その後、百貨店の地下を食料品や各種食材を売るフロアにすることが、日本全国の百貨店で主流になっていく。「百貨店の地下は食料品フロア」という現在のスタイルが確立されていったのだ。

なお、デパ地下という言葉が一般的に使われるようになったのは、ごくごく最近のようだ。渋谷駅に直結する東急百貨店東横店が、二〇〇〇年に「東急フードショー」を開催した際に独自商品を並べ、またいくつかの街の人気店を誘致し、イートインコーナーなども設けた。これがマスメディアによって「デパ地下」との名称で報道され、その後のブームの火付け役になったとされる。

現在は百貨店の地下フロアでは、生鮮食品、パン、総菜、弁当、和菓子、洋菓子などが並べられていることが多い。和風、洋風、中華風など、食の分野ごとに売り場が区分されている場合もある。百貨店にテナントを入居していなかった有名店舗が、百貨店側からの依頼を受けてテナントとして入居する場合もあれば、百貨店の催し物として、地方の名産品を集めた特設コーナーが設けられることもある。

百貨店は「衣類・ファッション」が基本

百貨店が食料品など品揃えを徐々に拡充していったとはいえ、呉服系をルーツとする百貨店だけでなく、阪急百貨店などのターミナルデパートも、販売の中心は「衣類・ファッション」であることは確かであろう。

日本で本格的な洋服文化が浸透してきたのは、一九二〇年～三〇年代と言われている。第一次世界大戦（一九一四～一九一八年）で戦勝国となった日本では、工業が発展して生産力が拡大、商品の大量供給が可能になった。同時に、都市への人口集中が進む中で、働く女性が増加。洋服の需要が急速に膨らんでいった。

このころには、アパレルブランドが次々と立ち上がった。一九〇二年に大阪で繊維卸売業として佐々木八十八《ささきやそはち》が創業した佐々木営業部は、一九二三年に「レナウン」を商標登録。当時珍しかったカタカナ表記で訴求し、その後、衣類・ファッションの販売を拡大していく。

一九二七年には、それまで老舗百貨店の三越などで働いていた樫山純三《かしやまじゅんぞう》が大阪で独立し、運動具や化粧品などの輸入卸を手掛ける樫山商店を設立した。これが後に大手アパレル会社「オンワード樫山（現・オンワードホールディングス）」となる。続いて一九四三年には、東京・板橋で吉原信之《よしはらのぶゆき》が「三陽商会」を設立。さらに一九五九年、「ワールド」が神戸市生田区でニット婦人セーターの卸売業として誕生した。

百貨店はこういった有力ブランドと手を組むことで、紳士服や婦人服の既製服に対する需要を取り込んでいく。同時に、消費者が手に取りやすい仕組みを整えていく。

例えば、婦人既製服は、S・M・Lのサイズが統一されていなかった。それまでは、アパレルブランドや繊維メーカー、百貨店ごとにバラバラにつくっていた。しかし、既製服が本格的に普及していく中で、これでは消費者は混乱するだけだった。

そこで、伊勢丹は自社で蓄積していた注文品の採寸データを基に、日本人の体格にあったサイズの開発と各社のサイズの統一を試みた。日本人女性の平均サイズを割り出し、サイズごとの標準パターンを作り出すことによって、婦人服のサイズを完成させた。そして、そのサイズを髙島屋や西武と共有することで、業界全体の標準として広げていった。

また、伊勢丹は音頭《おんど》をとって、消費者がサイズごとに見分けられるように異なる色のタグをつけることを提案し、髙島屋、西武、レナウン、三陽商会などの賛同を得て、一九六三年に統一する。このように、既製服のサイズやタグの色を百貨店が統一したことによって、既製服市場は拡大していく。

一九五〇年代前半まで紳士服や婦人服は、和服と同様に注文仕立てが主流だった。一九六〇年代の高度成長期になると、さらに消費が拡大して、アパレルメーカーによる既製服の需要が大きくなった。これによってアパレル店舗は大きく発展。百貨店では既製服の売り場を広げ、全国の百貨店で既製服が手に入るようになった。

アパレル独特の「消化仕入れ」の功罪

もう一つ、百貨店が衣類・ファッションの販売を伸ばしていった過程で、忘れてはならない独自の仕組みがある。「消化仕入れ」と呼ばれる取引である。

高度成長期以降における百貨店の業容拡大は、この消化仕入れという独自の取引に依存するところが大きい。百貨店とアパレルが二人三脚を組むことで、流行の変化の激しい衣料・ファッション製品を大量に販売することが可能になったのである。

この仕組みを最初に考えたのは、アパレル大手のオンワード樫山とされる。創業者の樫山純三は、紳士既製服の量産体制を整えた一九五一年に「オンワード」を商標登録し、さらなる拡販に乗り出した。

その際に、百貨店を主要な販路と見ていた同社は、当時としては画期的な「委託販売」を思いつく。いったん商品を百貨店に買ってもらうが、売れ残った商品をオンワード側が引き取る仕組みで、これが発展して現在の「消化仕入れ」につながっていく。

小売業では、商品を企業から買い取って販売するのが主流である。当然、売れ残った商品は小売業側の負担になる。百貨店でも当初は、この買い取り販売が主だった。ただ、それではアパレル側にとっては、「予算分しか買ってもらえない」とのもどかしさがある。

そこで、アパレル側は百貨店に「消化仕入れ」を提案した。あらかじめ「売れ残りを引き取る」と約束することで、買い取り販売のときよりも数多く、アパレルの商品を棚に並べてもらうことができる仕組みだ。杉原淳一《すぎはらじゅんいち》・染原睦美《そめはらむつみ》による『誰がアパレルを殺すのか』（日経BP社）に、その経緯が的確に描かれているので紹介しておきたい。

委託取引は在庫のリスクをアパレル企業側が負うことになるものの、百貨店による買い取りに比べて利幅が大きくなる。経済全体が成長して消費意欲も旺盛な時代だったため、返品はあまり気にしなくても済んだ。

こうして一九五〇年代以降、委託取引は百貨店業界全体に広がっていく。現在では不振の一因と見なされる百貨店とアパレル企業の相互依存も、戦後の焼け野原から高度経済成長期へ向かって日本全体が躍進していく過程では、双方にとってプラスの仕組みと位置付けられていた。

三越や髙島屋などの百貨店は、次々にこの消化仕入れを採用していった。百貨店では売れ残った商品を、アパレルなど取引先に返品することが可能なため、リスクが小さくて済む。一方、この販売方法は買い取り販売に比べて、百貨店にとっては利幅が小さくなる。加えて、衣類・ファッションの仕入れ・販売が取引先、つまり「問屋任せ」になるとの側面もあり、ややもすれば、仕入れの権限をアパレル側が握ることになる。

つまるところ、消化仕入れの広がりは、百貨店がアパレルなどに販売する場所だけを提供する、「箱貸し経営」に偏重していったことを意味する、と言い換えることができる。

消化仕入れにより、百貨店は衣類・ファッションの販売を拡大することに成功した。だが、アパレルなどの問屋任せの仕入れ・販売スタイルは、それまで革新的な販売手法を次々と生み出してきた百貨店の独創性を奪っていく。

序章で述べた、営業面で規制を強いられた百貨店法の施行とも相まって、百貨店の経営に、徐々にチャレンジ精神が見られなくなってしまう一因となった。

「堤清二」という革新者の成功と失敗

もちろん、こうした馴れ切った業界構造を、問題視した経営者もいた。一九七〇年～八〇年代にかけて、西武百貨店、パルコ、西友、ロフトなど、セゾングループを展開した堤《つつみ》清二《せいじ》である。堤は、問屋やアパレルメーカーに依存して、売れ残りをいつでも返品できるような商法を続けてきた百貨店業界の慣習に疑問を持っていた。アメリカの小売業界の盟主だった「シアーズ・ローバック」のシカゴ本社をたびたび訪問し、小売店自らが商品開発の企画に携わる姿勢を観察した。

堤がシアーズで見たこのビジネスモデルは、SPA（製造小売業）と言われるビジネスモデルの原型だった。SPAとは、小売業者が問屋やメーカーから既にある商品を仕入れて売るのではなく、独自商品を企画して、世界各地の工場やメーカーに生産を委託する方式のことだ。

「西武池袋本店」

小売の店頭で得た消費者の新しいニーズを商品企画に反映させ、労働賃金が安価な発展途上国の工場で大量生産する。後に、ユニクロを展開するファーストリテイリングや家具チェーン大手のニトリが、成長の原動力としたビジネスモデルである。

堤は一九七〇年代以降、GMSを志向した西友において、このビジネスモデルを導入しようと独自商品の開発に力を注いだ。そして、たどり着いたのが、「ノーブランドだけど品質は一流」とうたった「無印良品」である。

西友のPB（プライベートブランド：小売業者や流通業者によって企画販売される商品ブランド）商品として、一九八〇年に無印良品を投入し、家庭用品九品目、食品三一品目を展開した。翌年には、衣料品の販売も開始する。無駄なモノをそぎ落としたシンプルなデザインは、特に女性層から圧倒的な支持を受け、人気ブランドに成長した。堤は一九八九年に、株式会社「良品計画」を設立し、そこに西友から無印良品の営業権を移した。

これを成功させた堤にしてみれば、西武百貨店も改めてバイヤーを鍛《きた》え直せば、自分たちがリスクを取って商品を開発できるようになるはずだ、と期待を抱いていたのかもしれない。鈴木哲也《すずきてつや》著の『セゾン 堤清二が見た未来』（日経BP社）において、整理すると堤の行動を次のように記述している。

「実際、西武百貨店のフラッグシップとして一九八四年に開業した西武有楽町店では、一階に無印良品を入居させた。百貨店の一階は、高級化粧品や高級ブランドショップを並べるのが常識だが、堤はあえてノーブランドを訴求する無印良品を導入し、新しいスタイルを求める感度の高い顧客を呼び込むことに成功した。堤の旗艦店舗での革新的な試みは、店舗の売り上げを拡大するための奇策というよりは、『業界のビジネスモデルそのものを変えたい』といった意思の表れだったのであろう」

ところが、バブル崩壊後の一九九〇年代、それまでの事業多角化が仇《あだ》となり、巨額の負債を抱えていたセゾングループは、グループ解体に追い込まれた。同じように経営に苦しんでいた西武百貨店は、二〇〇一年に百貨店大手のそごうと包括的業務提携を結ぶことになる。

西武百貨店とそごうの統合会社は現在、「そごう・西武」という事業会社名で、コンビニエンスストア・チェーン「セブン-イレブン」などを擁《よう》するセブン&アイ・ホールディングスの傘下にある。そごう・西武は不採算店舗の閉鎖など、リストラを徹底するものの、低採算性から抜け切れずにいる。事業会社の身売りや一部事業譲渡の噂《うわさ》が常に絶えない、厳しい状況となっている。

一方、良品計画は今も快走を続ける。一部に他社資本が入っているが、基本的には独立経営を保っている。現在は国内四五〇店舗超だけでなく、中国やアメリカを中心に、マレーシアやインドなど、世界中で店舗を構える。その数は国内外合計で九七〇店舗を超える。二〇一七年には、ブランド名を冠したホテル一号店である「MUJI HOTEL SHENZHEN」を中国・深圳《しんせん》にオープンした。

現在の西武百貨店の低迷と無印良品の好況。この明暗は、革新を追求しなくなってしまった百貨店の衰退と、新しい施策を次々と打ち出す専門店業態の勢いという、業界そのものの対比の構図を描いているように見える。

ショッピングセンターの先駆け「髙島屋S・C」

「モノを売る」という販売面において独創性を失っていった百貨店業界だが、他方で新たな収益源を発掘し始めた。昔から百貨店が立地していた場所は、都心の中でも「一等地」と言われるような、人が集まりやすいところであるケースが多い。この不動産価値に着目して、ビジネスモデルを構築する百貨店が出てきた。

その象徴的な動きが、百貨店によるショッピングセンターの開発である。

一九六〇年～七〇年代にかけて、日本ではショッピングセンターが本格的に台頭してきた。ショッピングセンターとは、複数の小売店（テナント）が集まった商業集積施設のこと。日本ショッピングセンター協会によると、ショッピングセンターとは、次のように定義されている。

一つの単位として計画、開発、所有、管理運営される商業・サービス施設の集合体で、駐車場を備えるものをいう。その立地、規模、構成に応じて、選択の多様性、利便性、快適性、娯楽性等を提供するなど、生活者ニーズに応えるコミュニティ施設として都市機能の一翼を担うものである。

「よくわからない定義だな」という感想の読者も多いのではないか。要するに、ショッピングセンターは、複数の小売店（テナント）が集まった商業施設のことだ。多種多様なテナントが賃貸借契約を結ぶことによって入居する大型商業施設が、ショッピングセンターである。

ショッピングセンターもまた、他の小売業態と同様に、欧米から持ち込まれたビジネスモデルである。アメリカでは、一九三〇年代ごろから郊外型ショッピングセンターの開発が徐々に進み、一九六〇年代には全米各地に次々とオープンしていった。

このモデルが日本にも導入されたのだが、この業態にいち早く興味を示したのが、スーパーマーケット業界のジャスコ（現・イオン）やダイエーだった。ただ、こういったスーパー業態が手掛けるショッピングセンターは、十分な規模を備えておらず、あくまで近隣商圏を対象とするものだった。

より商圏の広い、本格的なリージョナル・ショッピングセンターは、一九六九年にオープンした「玉川髙島屋S・C（ショッピング・センター）」が初めてとされる。

老舗百貨店の髙島屋に入社した倉橋良雄《くらはしよしお》（後の日本ショッピングセンター協会会長）は、アメリカやヨーロッパで小売店の現状を視察した際、百貨店が郊外型ショッピングセンターの核施設になっていることを知った。日本でもこのモデルが通用すると認識した倉橋は帰国後、同じように百貨店を核とするショッピングセンターの開発に乗り出す。

目をつけたのが、東京・世田谷区の南西に位置する二子玉川。古くは隣接する多摩川の渡し場として栄え、一九〇九年に開園した玉川遊園地は、東京郊外の遊園地として多くの観光客を集めていた。その周囲も郊外の新興住宅地として、広がりを見せていた。ただ、住宅の間に空き地や田畑が見られるような場所で、あくまで「田舎町」に過ぎなかった。

倉橋がこの地に注目したのは、交通利便性の高さからだった。複数の鉄道が乗り込んでおり、またバスも複数路線が集まっている。二子玉川は郊外地区のため、当時普及し出した自動車での来店も期待できる。

倉橋が「理想的な場所」として、二子玉川にショッピングセンターを開発する決意をしたとはいえ、髙島屋本体は、まだ郊外型百貨店の開発に関心が薄かった。そこで、不動産ディベロッパーの「東神開発」を子会社として設立し、開発を進めた。

一九六九年一一月にオープンした玉川髙島屋S・Cは、店舗規模が延べ床面積四万二五〇〇㎡。百貨店部門が一万五〇〇〇㎡、専門店部門が一万八〇〇〇㎡、駐車場台数は一〇〇〇台で、当時は日本最大規模を誇った。思惑通り、多くの顧客が訪れ、売り上げは好調に推移した。マスコミがこぞって「ショッピングセンター時代の到来」を告げたほどだ。車社会を先取りし、新興住宅地の顧客を集客した玉川髙島屋S・Cは、現在全国に数多くある日本のショッピングセンターの先駆けとなった。

「場所貸しビジネス」の収益モデル

このショッピングセンターは、百貨店とは収益モデル＝儲けの仕組みが少し違う。

百貨店は、商品を販売することに重きを置いていて、買い取り販売ではなく、消化仕入れ方式を採用することが多い。消化仕入れ方式の百貨店売り場でアパレルの商品が売れた場合、百貨店は売上歩率による手数料を徴収する。売上歩率とは売上歩合方式の仕組みで、期間中の売り上げを一度百貨店がすべて預かり、その中から百貨店側の手数料を差し引いて、後日アパレル側へ支払うものだ。

これに対して、ショッピングセンターは「不動産業」として、場所を貸すことに重点を置く。固定の家賃と売上歩合を併用した出店料を設置しているところが多く、いわば「場所貸しビジネス」を基盤にしている。

ショッピングセンターの売上歩合は、百貨店よりも低く設定されていることが一般的なため、アパレル側は商品が売れたときの利率が大きくなる。一方で、ショッピングセンター側も、商品が売れた際の利幅は小さくなるものの、売れても売れなくても固定賃料が入ってくるため、安定した収入を確保することができる。

玉川髙島屋S・Cの成功により、ショッピングセンターは集客面に効果があるだけでなく、安定収益化につながるビジネスモデルだということが、企業側に認知されていく。一九七〇年代には大型のショッピングセンターに加えて、さまざまなタイプの商業施設の開発が進められた。

ジャスコはショッピングセンター開発の戦略の一つとして、一九六九年に三菱商事との共同出資によるディベロッパー会社「ダイヤモンドシティ」を設立した。このダイヤモンドシティは一九七二年に、近畿日本鉄道との共同出資により、奈良県北部の近鉄大和西大寺駅前に「奈良ファミリー」をオープンする。

奈良ファミリーは、GMSのジャスコと近鉄百貨店が二核を構成するショッピングセンターで、百貨店とGMSが二核となるタイプのショッピングセンターは、全国で初めてだった。敷地面積二万一四五〇㎡、六〇〇台ぶんの駐車場と、これもまた大型の商業施設だ。当時、周辺エリアは大阪の企業に勤務するビジネスパーソンのベッドタウンとして、新興住宅地が形成されていた。奈良ファミリーはこの時流に乗って、多くの顧客を呼び込んだ。

脱・百貨店「GINZA SIX」の登場

玉川髙島屋S・Cや奈良ファミリーのように、百貨店が自らショッピングセンターを開発・運営する、あるいは施設の中核として入居するケースは、その後も増えていく。そして、近年では、さらに進化を見せている。

「GINZA SIX（ギンザシックス）」――この都心型の大型商業施設の説明なしには、百貨店によるショッピングセンター運営の現在地を語ること、百貨店経営の歴史を読み解くこと、そして百貨店の「これから」を推察することはできない。

大丸松坂屋百貨店（大丸と松坂屋が統合してできた事業会社）を傘下に持つ、J・フロント リテイリングは、東京・銀座の中央通りに面する場所に、大型の複合商業施設ギンザシックスを二〇一七年にオープンした。百貨店を中核とするのではなく、海外ブランドを中心としたテナントを集積させ、ショッピングセンター形式で運営している。

延べ床面積約一四万八七〇〇㎡もの巨大な敷地に、フェンディやディオールといった世界を代表するラグジュアリーブランドなど、二四〇超の店舗が出店。基本設計や外観や内観のデザインは、谷口吉生《たにぐちよしお》やグエナエル・ニコラといった、著名デザイナーが手掛けた。建物中央に大きな吹き抜けのアトリウムを据えるなど、内外装ともに都会的で洗練されたつくりになっている。

J・フロントの単独ではなく、森ビル、住友商事、LVMHとの共同プロジェクトで、商業施設の上階は、七層にわたるオフィスビルとなっている。商業集積としての魅力を高めるためには、百貨店単独で出店するのではなく、他の企業・業種を巻き込んだ形のほうが、たくさんの人を引き寄せる魅力的な集積が作れるようになる。J・フロントはそのように考え、複数企業との共同事業を選択した。

このギンザシックスは、松坂屋銀座店の跡地を利用して建てられたものだ。松坂屋銀座店は、銀座という世界でも有数の一等地にありながら、バブル崩壊以降の一九九〇年代からは販売が低迷していた。

「GINZA SIX」

不動産価値の高い場所にあるにもかかわらず、十分な価値を生んでいないことを苦慮していた当時の奥田《おくだ》務《つとむ》J・フロント会長兼CEO（最高経営責任者、現・J・フロント特別顧問）は、松坂屋銀座店跡地の開発に際して、「銀座の開発案件には百貨店を入れない」という、百貨店出身者にしては珍しい大胆な決断を下した。

この奥田は大丸の出身で、二〇〇七年の大丸と松坂屋による経営統合を主導した人物だ。同氏は百貨店の新しいビジネスモデルの構築を目指し、経営のコンセプトとして「流通革命」、そして「脱百貨店経営」を掲げた。例えば、大丸梅田店に人気ゲームのグッズを販売するポケモンセンターや東急ハンズ、ユニクロなど、従来の百貨店のイメージとは異なる専門店を誘致することで、新たな顧客層の呼び込みを図った。

「J・フロントリテイリング」の変革への意思

この奥田による「流通革命」「脱百貨店経営」の象徴的なプロジェクトこそが、ギンザシックスだ。奥田は自著『未完の流通革命』（日経BP社）において、ギンザシックスを誕生させた意味について詳しく述べている。

その店が立っている土地の価値に見合った利益を上げているのか。これは松坂屋銀座店に限らず、現在の百貨店が抱える構造的な課題の一つです。松坂屋銀座店は再開発後の施設に入った時、それに見合った価値を生み出せるのかどうか。冷静に分析した結果が「百貨店を入れない」という決断につながりました。このように書くと、単に利益面から判断したと思われるかもしれませんが、そうではありません。

「義を先にして利を後にする者は栄える」。中国・戦国時代の思想家、荀子が残した言葉です。J・フロントリテイリングの設立以降を含めると半世紀にわたって私が働いてきた大丸は、この「先義後利」という言葉を企業理念としてきました。この言葉を噛み砕いて言えば、社会やお客さまのためになることを常に考え行動すれば、利益は後からついてくるという意味になります。

さらに言えば、社会やお客さまの変化に対応しなければ、企業は利益を得られない、ひいては存続できないということでしょう。消費者と直接接点を持つ我々のような小売業であればなおさらです。大丸の創業は江戸時代中期の一七一七年、松坂屋はさらに古く、徳川家康が江戸幕府を開いてから八年後の一六一一年の創業で、四百年を超える歴史を持っています。両百貨店とも呉服店が発祥ですが、どちらも二十世紀の初めに百貨店という新しいスタイルの流通業に生まれ変わったことで、社会やお客さまの支持を集め、生き残ってきたのです。一方で、現在に至るまでの間には、変化に対応できなかったことで数えきれないほどの呉服店が消えていったはずです。

新しいスタイルの流通業に生まれ変わる――奥田がギンザシックスに込めたものは、単に安定収益を得られるショッピングセンター型のビジネスモデルを導入するということではなく、百貨店の「あり方」そのものを改革する強い意思だったのである。

奥田の後任の山本良一《やまもとりょういち》代表執行役社長もまた、改革者を自任する。山本は二〇一九年一月の東洋経済新報社のインタビューで、次のように語っている。

　この業界は明治時代に呉服屋から百貨店へと業態転換したわけだが、現在はそれに匹敵するぐらいの大きな転換期に来ている。過去に築いてきたビジネスモデルが、この先一〇〇年も同じように続けていけるのか疑問だ。

百貨店業界は現在、創業当時に持っていたエネルギッシュな変革の意思を忘れてしまったかのような状態にある。消費者行動の変化に対応し切れずに、呆然と立ったままの百貨店も少なくない。対して、J・フロントは「一〇〇年に一度の改革期」と山本が強調するように、経営の革新路線を明確にする。

このようなJ・フロントの改革の象徴であるギンザシックスは、二〇一七年度開業初年度に来場者数二〇〇〇万人、売上高六〇〇億円を目標としていたが、着地はそれを上回った。外国人や国内の観光客が多く押し寄せる銀座に位置していることもあり、現在も順調に集客できている。いまや銀座エリアのランドマーク、「新しい顔」として、存在価値を高めている。

ただし、ギンザシックスには懸念材料もある。ビジネスモデルは出店テナントから固定賃料を得る安定したものであるとはいえ、テナント側からすると支払い賃料に見合う十分な収益をあげることができなければ、間尺に合わない商売になる。いくら集客ができていても、顧客が実際にモノを買う、あるいはサービスを受ける対価として金を落としていかなければ、商売にならない。

店頭の販売が不振で、賃料を支払うと赤字になってしまうようなテナントは、施設からの撤退を考えることになる。ショッピングセンターは一般的に、テナントの契約期間が三〜六年と言われるが、販売不調が深刻になれば、契約期間が満了する前に、違約金を支払ってでも店じまいするテナントが続出しかねない。今後の動向については、注視する必要がある。

「モノを売らない店」を標榜する「丸井」

百貨店によるショッピングセンター運営の進化形として、ギンザシックスを取り上げた。ただ、このビジネスモデルはテナントが商品の販売やサービスの提供により、店頭で売り上げを計上することを前提にしている。あくまで、「モノを売る」といった小売業態の基本行動の延長線上にあることに変わりはない。

テナントが「モノを売る」ことをベースにした路線からさらに踏み込み、商業施設に「モノを売らない店」を積極的に集める小売企業が現れている。駅前立地を中心に、商業施設「丸井」を展開する丸井グループである。

「モノを売らない店」とは、従来のように衣料品や雑貨といった商品販売を主体にするのではなく、体験型サービスの提供や飲食店の運営を軸とする施設のことだ。

例えば、丸井は二〇一八年四月に、新宿マルイに米アップルの体験型店舗「Apple新宿」をテナントとして誘致。同年六月には、渋谷マルイにネットショップアプリなどを展開する「ＢＡＳＥ」のリアル店舗を導入。渋谷マルイのＢＡＳＥの店舗は当初、モノを売ることが中心なのではなく、顧客同士の交流を主な目的の一つとする珍しい形で運営されていた。また、北千住マルイでは、二〇一七年九月に駅と直結する二階メインフロアの

「新宿マルイ本館」

雑貨店舗を改装し、飲食店を集めたゾーンに変えた。

こういった取り組みにより、丸井グループ全体の売り場面積については、二〇一五年ごろは衣料五三%、飲食・サービス一四%だったが、直近の二〇一八年は衣料三一%、飲食・サービス二九%と、ほぼ同率になっている。

さらに、丸井は「モノを利用する」「共有する」といった「シェアリングエコノミー」サービスのテナント誘致にも、力を入れている。有楽町マルイでは、ECを軸にドレスやバッグをレンタルする自社運営の店舗「ドレニ」を導入した。

丸井がこういったモノを売らない体験型の

店づくりや、レンタルなどのシェアリング事業を打ち出す理由の一つには、社会問題化しつつある「商品廃棄量の抑制」という狙いがある。メーカーや問屋など、複数の業者が流通過程で関わる衣類・ファッションは、業界全体の商品廃棄量の正確な数字がわかっていない。ただ、一説によると、「総供給量のおよそ半分は廃棄されている」との見方がある。

大量廃棄が深刻化しつつある背景の一つには、ファストファッションの台頭がある。ファストファッションとは、流行を取り入れながら低価格に抑えた衣料品を大量に生産し、短いサイクルで販売するブランドやその業態のこと。アパレルメーカーが製造から小売店運営までを手掛けるSPAという形態をとることが多い。

ファストファッションの代表格の一つであるファーストリテイリング傘下の「ユニクロ」は、一九九八年にフリースブームを巻き起こした。二〇〇八年には、スウェーデンの「H&M」が日本に上陸。このころからファストファッション業態が、急速に成長・拡大してきた。

ファストファッション業態による小売業が、自ら商品開発を行うという流通の合理化によって、消費者は品質の良い衣料品を安く手に入れることができるようになった。一方で、発展途上国での大量生産をベースに、過剰に商品をつくってしまう問題を生み出した。

好景気で売れ残りの心配がないときならばよいが、消費不振の際には、大量に生産され、店頭で大量に陳列された商品は、売れ残ると大量のゴミとなる。若者が衣類にあまりお金をかけなくなったと言われる昨今、大量の商品が流通されないまま、廃棄されるケースが増えている。いわゆる「アパレルロス」の問題が、小売やアパレル業界の間で重大事項として頭をもたげてきたのである。

こういった現状を認識し、丸井は廃棄物を根本から減らす「リデュース（発生抑制）」の取り組みを、「所有から使用へ」という考え方に置き換えた。モノを売らない体験型のテナントや、シェアリングエコノミーを推進する店舗の誘致を積極化し、サービス提供や飲食店の運営を主体とする商業施設へと全体の構成を転換してきた。

「ファッションビル」からの転換

こういったモノを売らない店は、徐々に広がりを見せる。ファーストリテイリング傘下の「GU（ジーユー）」は二〇一八年一一月に、東京・原宿に「GU STYLE STUDIO」という実験的な店舗を開店した。店舗内にはレジがなく、消費者は店頭では商品を購入することができない。店舗はあくまでデジタル技術を活用した「ショールーム」に特化させ、インターネットでの販売拡大につなげる。

家電量販店大手の「ビックカメラ」も二〇一九年七月、大阪府八尾市に「ビックカメラ・ドット・コム」と名づけたネットとリアル店舗を融合した新業態の店舗をオープンした。店内には、通販サイトにつながるQRコードを商品カテゴリーごとに配置。店で実物を確認し、スマートフォンから注文して手ぶらで帰宅するといった利用を想定する。

広がりを見せる「モノを売らない店」。この言葉は、丸井グループ創業家三代目の青井《あおい》浩《ひろし》社長が、二〇一九年の夏ごろにWEBメディアで使ったことから、一気に浸透し出したと見られている。体験型の店づくりといった新しい領域に果敢に挑む丸井は、もともと小売業態として独特の路線を歩んできた。

丸井は一九三一年（昭和六年）に、創業者の青井忠治《あおいただはる》が月賦商《げっぷ》（分割払いを条件とした月賦払いを中心とする小売店）の「丸二商会」から暖簾分けで独立し、開業した。現金販売を基本とする三越や大丸などの老舗百貨店とは違い、割賦販売により商品を販売する「月賦百貨店」として運営してきた。

丸井は品揃えが豊富な小売店という意味では、大きなくくりでは百貨店業態に位置づけられる。しかし、日本百貨店協会には属しておらず、日本チェーンストア協会会員となっている。若者向け衣料品を中心に手掛けていたこともあり、丸井が運営する商業施設は百貨店ではなく、「ファッションビル」と称されることが多かった。

ただ、先ほども述べたように、最近は衣料品の販売比率を抑制しているので、ファッションビルとの呼び名が適切でなくなってきた。かつては筆者も記事執筆の際に、ファッションビルという言葉を使用していた。例えば、「ファッションビルを展開する丸井グループは……」といった形だが、一年ほど前に丸井グループの広報担当者から連絡があり、「そろそろその呼び方は、適切でなくなってきていますよ」と、やんわりと告げられた。となると、丸井グループの店舗は、単に「商業施設」と表現するしかない。なんと表現してよいものか悩ましい、独特の小売形態と言える。

月賦百貨店をルーツにすることもあり、丸井は長い間、衣料品を中心とする小売事業と、高い金利収入が見込めるクレジットカード事業を、経営の両輪としてきた。一九六〇年に日本で初めて「クレジットカード」を導入。創業時から月賦商売をしていたが、これを「クレジット」と言い換えて、クレジットカード（現在の「エポスカード」）を発行したのだ。このカードは特に若年層に好評で、販売拡大のきっかけになった。

「モノからコトへ」というシフトへの対応

丸井も小売事業については、従来は店舗で商品が売れたときに収益を計上する百貨店型ビジネスが主だった。しかし、今はテナントからの賃料収入を軸とする不動産型ビジネスへ移行している。不動産型に移行した売り場面積の比率は、二〇一五年三月末で七％に過ぎなかったが、現在は計画したほぼすべてのフロアが不動産型の売り場になっている(01)。丸井グループの現任社長の青井浩は、二〇一八年一一月に東洋経済新報社のWEBサイト「週刊東洋経済プラス」での「丸井 道標なき改革」とした集中連載において、不動産型ビジネスを一気に加速した理由について、詳しく語っている。

リアル店舗でモノを買う人は今後減り続け、そしてリアル店舗の売り上げもどんどん下がるだろう。逆に、ECは勢力を増すと見ている。

その際に、百貨店を中心とする小売業態は大きな問題に直面する。当社のような業態（ファッションビル(02)や百貨店）は、損益分岐点が非常に高い。一般的に、この業態の損益分岐点比率は90％ぐらいではないだろうか。戦後の右肩上がりの時代ならば、損益分岐点が高くても、売り上げが拡大すれば利益もたくさん確保できる。だが、売り上げが前期並み、あるいは右肩下がりになると、損益分岐点が高いのですぐ赤字になってしまう。

さらに厳しいのは、赤字になった後に、歯止めがかからないこと。売り上げが少し減ると損失が広がって、そこからまたさらに広がると、2倍も3倍も損失が膨らむ。つまり、この業態の収益構造は、「ダウンサイドリスクにものすごく弱い」と言える。

長期的にリアル店舗の売り上げが下がる見通しに立つならば、この業態は長期的に赤字が続いて、その赤字額がとどめようもなく拡大することを想定せざるをえない。

そのため、外部環境が変わって需要が増えていく前提で経営を描くのではなく、需要が減っていくことを前提に考えなければいけない。チャンスを取っていくより、どうやってダウンサイドリスクを遮断するのかが、経営課題としては優先ということだ。

その方向に沿って、テナントからの固定家賃を中心にした不動産型のビジネスモデルに切り替えていくことにした。少なくとも固定家賃の部分は、たとえば5

年契約なら5年間確保されるので、経営が安定してくる。

同じく、このインタビューにおいて、青井はさらに、モノを売らない店への思いも力を込めて語った。

当社のもう1つの大きな課題は、〝モノからコトへ〟といった需要変化への対応だ。丸井グループはかつて、小売り店舗（ファッションビル）の地下1階から地上8階まで、ずっとモノばかりを売っていた。しかし、これからは顧客の関心がモノからコト、サービス、体験へと変わっていくであろう。そのときに、飲食や体験型サービスなどが提供できないと顧客は来てくれないし、お金を使っていただけない。今後は、そういった店舗を増やしていきたい。（中略）

ＥＣ発のリアル店舗は、今後の潮流になっていくだろう。彼らはそこでモノを売らなくてもいい。顧客に体験してもらって、気に入ってもらって、あとはネットで商品を買ってもらえばいい。（中略）

モノを売っている店舗がまったくなくても、すごく人気があって、にぎわっている。そういう商業施設は、世界を見渡してもまだない。それをつくるのが丸井グループの夢だ。売り上げが立たなくても、「すごくにぎわってるね」「楽しいね」「あそこ行ってみたい」。そう言われる商業施設をつくってみたい。

百貨店業界には、アパレルや問屋と相互依存するかのような商慣習に慣れ切ってしまい、消費者の行動変化にどう対応していいのかわからずに、懊悩《おうのう》している企業が少なくない。他方で、小売業界の中で独特の地位を築いてきた丸井は、今後も変革の姿勢を保つ意思を明確に打ち出している。

(01) 店舗の一部には、自社編成売り場も残っている。「ほぼすべてのフロア」と表現したのは、あくまで「会社が不動産型への移行を計画した売り場のほぼすべて」との意味。
(02) 「ファッションビル」との言葉は、実際に青井が使ったのではなく、筆者が意訳したもの。以下同。

第二章　流行創出——文化の発信地にまだブランド力はあるか

三越が仕掛けた流行「元禄ブーム」

これまで見てきたように、江戸時代に江戸や大坂、京都などで誕生した呉服屋が、現在の小売業態の経営につながる基礎を築いていった。一六一一年（慶長一六年）に松坂屋、一六七三年（延宝元年）に三越、一七一七年（享保二年）に大丸、そして一八三一年（天保二年）に髙島屋といった、後に大手百貨店となる呉服店が次々と姿を現し、斬新な販売手法を導入して業容を拡大してきた。

百貨店はその名が示すように、多種多様の商品を揃えて販売することを主な機能としてきた。ただ、単にモノを並べて、無策のまま漫然と売っていたのではない。流行をつくる――百貨店は数々の仕掛けで流行を自ら演出し、それによる需要拡大をテコに業容を拡大してきた。その象徴的な動きは、明治末期の三越が起こした「元禄ブーム」だろう。

順を追って話そう。江戸から明治初めにかけて、流行の発信源は役者や芸者だった。ただ、世間全体が質素倹約思考の中、江戸時代に一時的なブームが起こっても、それは突発的なものだった。しかも、全体的には呉服の柄は小さく、地味な衣類が多かった。

そこで三越（当時は三井呉服店）は、流行を仕掛けることを思いつく。一八九五年（明治二八年)に「意匠部」を新設した。福井江亭《ふくいこうてい》、高橋玉淵《たかはしぎょくえん》など、若手の著名日本画家を雇い入れ、派手な柄の晴れ着の開発に取り組んだ。意匠部員が顧客の求めに応じて、模様の下絵をつくり、それを基に色を染める方法も始めた。

おりしも、一八九四年~九五年にかけて、日清戦争が起こった。三越の意匠部は、「景気が良くなれば世間の人々の好みは派手になる」と予測。戦勝景気に沸く人々の心理を捉えようと、「伊達《だて》模様」と名づけたそろいの衣装をつくった。それを売れっ子の新橋の芸者に送り、あちこちの座敷で「伊達模様踊り」を踊らせたうえで、その情報を新聞記者に伝え、記事を書いてもらったという。まさに、機を捉えて、意図的に流行をつくりだそうとしたのである。

それ以降も、三越は毎シーズンの流行の呉服模様を「新柄陳列会」「模様参考蒔絵陳列」「近古衣服陳列」などとして、大々的に展覧した。

このころにはPR誌も発行した。三越は一八九九年に、日本初の商業PR誌『花ごろも』を刊行。営業案内や着物の新柄紹介などを行ったのだが、尾崎紅葉《おざきこうよう》ら一流作家の小説も掲載した。

『花ごろも』を発展させるような形で、一九〇三年には月刊『時好』を発行した。こちらは営業案内や商品紹介に、多くのページを割いた。第一号はA五判、六六ページ、発行部数は一万六〇〇〇部だった。流行に関する記事を積極的に掲載し、人々に情報発信していった。

この『時好』に寄稿した人物を中心に、有識者や文芸家などを集めて、「流行研究会」が結成された。毎月一回、テーマを設けて、衣装などの流行や社会風俗の傾向を研究・検討し、三越はその意見を取り入れた商品開発や催し物を開催した。小売業態が流行を研究するために、また自ら情報発信するために専門組織を社内に設けていたことは、流行をつくりだすという当時の百貨店を象徴する動きのように映る。

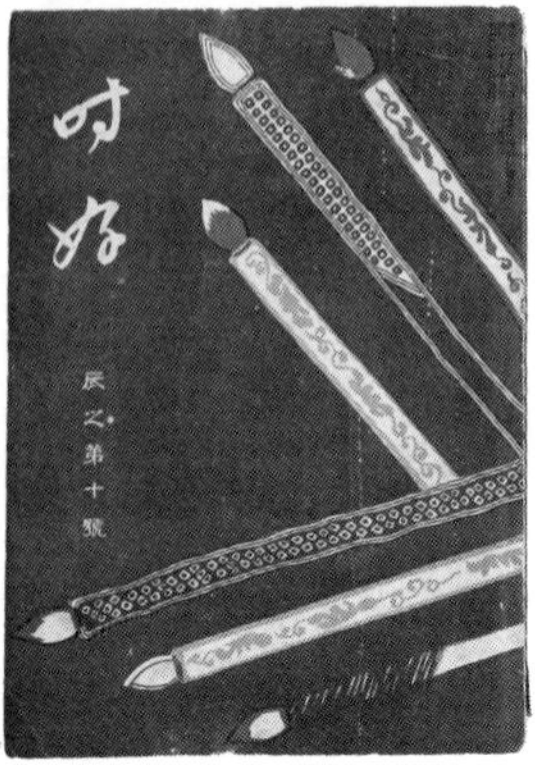

「時好」第10号、1904年

他の百貨店も、営業施策や新商品をアピールするためのPR誌を続々と発行した。一九〇二年には、髙島屋が月刊の広告・宣伝誌『新衣裳』を創刊した。一九〇六年には、松坂屋が呉服の新柄・流行柄の紹介を目的とした『衣道楽』を、松屋が『今様』を、そして一九〇七年には、大丸が月刊雑誌『衣裳』を創刊した。『衣裳』は営業案内のほかに小説、随筆なども掲載しており、創刊一号は定価二〇銭で販売された。

その後、三越が陳列会の積極的な開催、PR誌の発行、流行研究会の設立といった活動を結集して、一大流行としてつくりだしたのが「元禄《げんろく》ブーム」だ。

日清戦争から約一〇年後、一九〇四年〜〇五年にかけて日露戦争が勃発《ぼっぱつ》する。その戦勝が喧伝《けんでん》されると、日清戦争時と同様に、やはり景気が良くなった。

三越はこのときもまた、この昂揚《こうよう》的な雰囲気を好機と捉え、「景気が良ければ派手な模様が流行する」と考えた。そこで、元禄時代のデザインをアレンジして、大柄で華やかな「元禄模様」をつくって売り出す。呉服にとどまらず、帯止め、手ぬぐい、ネクタイ、煙草入れ、銀貨入れなどに「元禄」の名を冠した商品を複数発売した。

元禄模様をアピールするために、三越は美人女性を使った華やかなポスターを作成し、公共の場に掲示した。自社のPR誌でも、再三取り上げた。陳列会も数多く開催し、店頭でも人々の目につくように仕掛けた。

さらに、政商などと結びついて、社交場をつくっていた花柳《かりゅう》界を積極的に利用した。売れっ子の芸者に衣装をつくり、曲目をつくって芸者たちに踊ってもらった。まさに「あの手この手」を使って、人々の興味を元禄模様に引きつけようとしたのである。このような三越のさまざまな仕掛けが奏功《そうこう》して、都市部の女性たちは次第に流行を肌で感じることができるようになっていく。

三越が開いた最初の文化的催し物である「光琳遺品展覧会《こうりん》」の際に、同時に「光琳図案会」を開催し、懸賞募集の光琳風裾模様図案の当選発表も行った。

三越はこの模様図案の懸賞募集を、一八八九年から続けていた。元禄模様の際も、一等賞金を一〇〇円として募集。優秀図案を染加工して、店内に陳列したという。この懸賞募集をうまく活用し、三越は元禄模様を呉服のほかにも、雑貨や小物まで広げることができた。元禄模様はやがて、一世を風靡《ふうび》するような流行になった。

懸賞募集の実施と、髙島屋「百選会」の発展

模様図案の懸賞募集を独自の商品開発に役立てる動きは、三越だけに限った話ではなかった。創業以来、伝統的に色や模様などのデザイン、意匠に力を入れていた髙島屋は、一八九一年（明治二四年）に帛紗の図案の懸賞募集を全国規模で実施した。

このコンクールには、当時の新進画家や一流画家が数多く応募した。意匠に新風を吹き

込むイベントとなり、髙島屋はその後もこの懸賞募集を毎年続け、一九〇四年のころには四二〇〇超の新しい縞《しま》、絣《かすり》模様を生み出したという。

髙島屋は日露戦争の時代には、その後の好景気を捉えるために、呉服全般の新案染織品を懸賞「ア・ラ・モード」という名称で募集した。注目度は高く、出品点数は数千点になる勢いだった。髙島屋の社史『おかげにて一八〇』には、「ア・ラ・モード」について当時の人々がどのような見方をしていたのかがわかるエピソードが記述されている。

（明治）四十年には、その入賞作品を製品化して、第一回「ア・ラ・モード」陳列会を京阪神で開催。たちまちその人気は全国に広がり、その正確な意味（フランス語で最新流行の意）も理解されないまま、家庭や花柳界にまで流行語として広まり、「お召のア・ラ・モードを見たい」とか、「ア・ラ・モードを一反送れ」とかいった珍注文まであらわれる始末。

このような懸賞募集を活用した髙島屋のオリジナル製品開発は、一九一三年に設立した「百選会」へと発展していく。

明治から大正時代に移り変わり、意匠の考案も「花鳥風月」からさらに変化と工夫が求められるようになった。髙島屋は何か他店と違う独自の気品のあるもの、店の格調を高めるものを作り出したい、との考えから、百選会を創設。全国各地から、染織品の新柄募集を行った。

百選会の開催に先立ち、そのときの流行色とテーマを染織業者に与え、詳しい実施要項を記載したパンフレットを配布。趣意発表会や講演会も、各地で開いた。丁寧な事前説明を繰り返すことで、全国の画家たち、今でいうデザイナーたちが創作熱を高めるように、力を注いだのである。

当時、百選会の顧問には、与謝野晶子《よさのあきこ》や堀口大學《ほりぐちだいがく》などの著名人が顔を揃えた。日本画家の神坂雪佳《かみさかせっか》も、イベントの立ち上げを支えた。この結果、初回の百選会では全商品が売り切れたという。

その後、百選会は毎年春夏秋の三回開催されて、『広辞苑』にも載るほどに有名になり、数々の話題を残しながら、平成六年（一九九四）第一八三回まで続きました。

『おかげにて一八〇』にはこのように、百選会が髙島屋の営業活動を支える重要イベントとして、長年機能したことが綴られている。

「モダン」を印象づける洋風建築物

百貨店は世間の流行りや需要変化を捉える研究機関の設置や、懸賞募集による新しい図案の開発だけでなく、建物そのものが都市的なライフスタイルの見せ場となるように、店舗の改築にも乗り出していく。

その代表的な取り組みが、ショーウィンドーの設置である。一八九六年、髙島屋は京都店にショーウィンドーを設置した。これが国内百貨店で初めてのショーウィンドーと言われている。続いて、一八九八年に開店した髙島屋大阪店がショーウィンドーを設けた。それ以降も、一九〇三年に三井呉服店、白木屋呉服店、一九〇四年に松屋呉服店、一九〇六年に名古屋のいとう呉服店が、相次いでショーウィンドーを開設している。

さらに、百貨店は流行を華やかに演出する目的で、建物全体を近代的な洋風スタイルに建て替えていった。百貨店が創業時から意図的につくってきた高級なイメージを、より多くの人々に伝えるために、建物自体をモダンなライフスタイルを印象づける施設へと変革していったのだ。

一九〇三年、白木屋は洋風三階建ての店舗をオープンした。髙島屋は一九〇七年に、大阪店を洋風店舗に改築した。その年には、松屋も三階建ての洋風の店舗を東京・神田の今川橋に改装してつくった。松屋はこの建物について、「デパートメントストア方式の外観を備えた日本初の建物」と、現在も会社HPで強調している。

三越も業界リーダー役の面目をかけるという意味で、建物を近代化していった。一九〇八年には、日本橋通りの拡幅にともない、三階建ての木造ルネッサンス式建築の建物を仮営業所として日本橋に新築した。この仮営業所への移転を機に、雑貨、洋品、小間物、美術、貴金属など取扱商品を増やしていった。

三越は続いて一九一四年に、鉄骨鉄筋コンクリート造りの本店新館を完成させた。白いレンガに装いをこらしたルネッサンス式の建物で、地上五階・地下一階、述べ床面積一万三二一〇㎡。正面入り口にはライオン像を据えた。店内には中央階段と採光天井を備え、華麗な雰囲気を醸し出した。日本初のエスカレーターをはじめ、エレベーター、スプリンクラー、暖房換気、金銭輸送機といった最新設備を導入した。屋上には、庭園、茶室、音楽堂も設けた。

一九一四年九月一五日に完成した本店新館は、「スエズ運河以東最大の建築」と称され、最高技術を結集したものとして、日本の建築史上に残る傑作と言われる。

この新館の完成は、わが国百貨店のパイオニアとしての基盤を確立する一大エポックであった。

三越の社史『株式会社三越100年の記録』では、当時の本店をこのように表現している。大げさな言い回しのようにも見えるが、写真で見る限り、当時は人々が目を見張るぐらいの巨大で豪華な雰囲気のある建物であったこと確かであろう。

このように、百貨店各社は土蔵造りだった店舗を、近代的な洋風建築へと建て替えていった。それらの建物には、吹き抜けの空間や壮麗な中央階段、豪華な休憩室などを備えた。まさに、豪華絢爛《けんらん》さを押し出すことで、百貨店は「非日常の空間」であることを巧みに演出したのである。

「美人ポスター」「キャッチコピー」による宣伝

次に、流行をつくり出すために、どのような広告・宣伝活動をしたのかを、三越を軸にして見ていこう。

一八九九年六月、三越は東京の新橋駅待合室に、等身大の肉筆美人画を掲げた。これが「日本初の絵看板」と言われる。二人の新橋名妓を描き、枠に「三井呉服店」の店名を入れた斬新なデザインだった。三越は同年の冬には大阪梅田駅、翌年には東海道、中国、四国、九州の主要駅に美人ポスターを掲示していった。

三越は当時、商圏を全国に拡大する目的で、地方出張販売を始めていた。一八九八年に大阪支店が山口の馬関、福岡の小倉、若松、直方、博多で試み、一九〇〇年には本店が新潟、長岡で本格的な大規模出張を行った。それ以降、春と秋に、本店は信越から東北、北海道まで、大阪支店は四国、九州の各都市で、行商を行うのが恒例となった。こういった地方出張販売とともに、美人画の主要駅での掲示は、当時の三井呉服店の名前を全国に浸透させる効果があった。

そのころには、三越のマーケットは全国規模の広がりを見せていた。通信、交通機関の発達にともない、三井呉服店の名前は地方にも伝わっていた。三越は地方向けの宣伝も怠《おこた》らず、陳列場の開設や専属絵師による模様づけなどの新機軸をアピールする、地方向けポスターも製作した。それにより、消費者に対して来店や通信販売の利用を促した。

序章でもふれたように、一九一三年ごろには、現在も語り継がれる宣伝用の名キャッチコピーが生まれる。

〈今日は帝劇、明日は三越〉

三越の宣伝部、浜田四郎《はまだしろう》がつくった宣伝文句である。一九一一年に、日本初の洋式劇場である「帝国劇場」が開場した。三越はこの年、「帝劇を見ずして芝居を談ずるなかれ。三越を訪わずして流行を語るなかれ」との広告を出した。この広告をブラッシュアップし、一九一三年の帝国劇場のプログラムに掲載したものが、先のコピーだった。

帝国劇場は近代的な洋式劇場として注目を浴びて開業したため、その話題と並べることで、三越は時代の先端をいく店舗であることを世間に印象づけた。

「消費者参加型」という新たな広告手法

三越は一九一一年、春の売り出し用ポスターの図案を初めて懸賞募集した。一等賞金一〇〇〇円、ほかにも総額一五〇〇円という当時としては破格の高額賞金が反響を呼び、多数の応募作品があった。

この中から、版画家で後に「大正の歌麿《うたまろ》」と称された、橋口五葉《はしぐちごよう》の『此美人』が一等入選した。華やかな呉服をまとった婦人像は、美術的に高い評価を受けた。精巧な石版刷りのポスターとして、「千両額」と呼ばれるほどに評判になった。

三越は一九一四年には、日本橋の本店新館の完成を消費者に伝えるために、全段の新聞広告を掲載している。広告スペースの上半分は、壮麗な西洋建築のイラストを大胆に配置し、新館の圧倒的な存在感を強調した。

この年、春の「新柄陳列会」用のポスターには、著名画家である杉浦非水《すぎうらひすい》の『美人』を使用した。応接間のソファーにもたれた美人が三越のPR誌を手に持ち、くつろいでいる姿を描いたこのポスターは、「従来の美人画とアールヌーボー様式を融合させた画期的な広告」と、あっという間に評判を集めた。婦人の容貌や衣装の模様、背景の緻密《ちみつ》な描写が高く評価された。

杉浦非水『美人』

橋口五葉『此美人』

杉浦非水は一九〇八年から三四年まで三越に勤務し、一九一〇年に図案部主任になってからは、PR誌『三越』の表紙から宣伝物まですべての図案を描いた。いわば、三越の顔づくりに携わり、「三越の非水か、非水の三越か」と言われるほどの存在だった。

一九二三年には、関東大震災が発生し、三越本店は大きく破損した。本格的に改装するにあたって、呉服店方式で履物《はきもの》を脱いで上がる旧来の方法に戻るか、履物のまま店内に入る方法をとるか、このどちらにするかで社内の意見が二分していた。

履物のまま商業施設に入ることが常識となっている現在からすると、何を悩む必要があるのかと思ってしまうほどの内容だが、当時は先進的な施策が本当に正しい選択なのかどうか、わからなかったのであろう。悩みに悩んだ三越は、なんと「三越の下足問題」と題した新聞広告を出し、消費者から広く意見を求める画期的で大胆な手法をとった。
公益財団法人・吉田秀雄記念事業財団の研究広報誌『AD STUDIES Vol.37』に、当時の新聞広告の内容が全文掲載されている。

——三越の下足問題——

三越呉服店は近く本修繕に着手致します。ついては本修繕落成の暁には、
一、店内を清潔に保つために、
震災前の様に一々御下足を御預りいたしませうか。それとも
一、御出入の御便利のために、
現在の様に靴下駄其儘にて御入来を願ひませうか。
要するに皆様方が御愉快に、しかも御面倒なく、御買物の出来ます様設備致したいと存じますから、どちらがお宜しいか何卒御聞かせくださいます様偏に御願ひ申上げます。

（「読売新聞」一九二四年五月二六日付掲載より）

このように、消費者参加型の広告を行うなど、三越は広告宣伝面でも、思い切って革新的なものを打ち出していたことがわかる。

「文化展覧会」の開催が日本美術を支えた

これまで見てきたように、明治後半から昭和初期にかけての百貨店は、流行を仕掛けるために新しい意匠の開発や、PR誌や広告・宣伝ポスターを活用しての告知活動を積極的に行った。そして、建物自体をモダンな洋風に改築し、新商品を演出するための装置として機能させていった。

さらに、百貨店が流行をつくり出すうえで巧みに活用したイベントとして、催し物をピックアップしたい。催し物としては、色とりどりの「文化催事」が展開された。絵画、工芸などの美術品の展示や、歴史、華道、写真、生活改善などの展覧、そして各地名産の紹介など、各方面にわたる多種多様なものが開かれた。

文化催事は、自社が扱っている商品の優秀さを誇示するという側面だけでなく、店舗の品格向上と宣伝のための有用な情報メディアとして発展していった。開催期間はまちまちで、一日だけで終わるものや三~四日程度で終了する会期が短いもの、一カ月以上も続ける会期が長いものなど、内容によって異なった。

先ほど述べたように、その範囲も国内外の美術、工芸、宝物、デザイン・写真など、多くのジャンルに広がりを見せた。特徴的なのは、百貨店の催事は、直接的に売ることだけに目的を置いていたのではないということだ。百貨店各社は美術品展示などの文化催事を積極的に手がけたが、それは人々を店舗に誘致する狙いだけではなく、大衆社会を活気づけ、新しい文化をリードする意図もあった。

三越は一九〇五年に「デパートメントストア宣言」をして以降、事業拡大に尽力する一方で、文化、芸術、教育などを通じて社会に貢献することを経営理念の一つとして掲げ、文化催事を積極的に展開した。

三越が文化催事としてまず力を入れたのは、美術や工芸の分野だった。国内に美術館がほとんどなかった時代だけに、百貨店で開催される美術の催事は、世間の人々が内外の美術を知る貴重な場となった。

一九〇四年一〇月に一カ月間、「光琳遺品展覧会」を開催。美術工芸界の巨匠、尾形光《おがたこう》琳《りん》の人物画、花鳥画、山水画などを集めた。これは三越が手掛けた初の文化展覧会だった。初日の朝八時にはすでに人が集まり、多くの人が来すぎて店内が混乱し、「三時半には閉店せざるを得なかった」（『株式会社三越100年の記録』より）という。

続いて三越は一九一二年に、杉浦非水の「表紙絵展覧会」を開催した。杉浦非水の表紙絵を集めた展覧会を、日比谷図書館で開いた。出品作品の多くはPR誌『みつこしタイムス』『三越』などを飾った表紙絵だ。

デザイン、意匠性を重視し、明治の初めごろから商品輸出や万国博覧会などに進出していた髙島屋も、文化催事を数多く仕掛けた。髙島屋は、当時評判になっていたビロード友禅や刺繍の壁掛、それに美術工芸品の原画・下絵などの製作を通じて、京都の著名な美術家と頻繁《ひんぱん》に接触していた。そして、美術家を招聘《しょうへい》して自由に腕を振るわせていた。そういった動きが、展覧会の主催につながっていく。

髙島屋は一九〇九年に、京都店と大阪店で「現代名家百幅画会」を開催した。横山大観《よこやまたいかん》、下村観山《しもむらかんざん》、富岡鉄斎《とみおかてっさい》ら、美術界の巨星が名を連ねた。その際、着物姿の女性が扇で顔を隠した、竹内栖鳳《たけうちせいほう》の代表作『アレタ立に』も特別に出展した。

連日大変な人気。新聞紙上にも紹介され、予想以上の評判に、譲って欲しいというお客様の声も多く聞かれました。そのため美術部を興して商売にしてみては、という話になり、同（明治）四十四年（一九一一）、田中信吉相談役（元常務）が、これを組織的に収支バランスの合うよう美術部としてつくり上げたのです。

（『おかげにて一八〇』）

髙島屋は新設した「美術部」という専門部署を軸に、美術品を消費者に紹介して、百貨店としての格を上げることを狙った。どこかの店で売っていたものを集めるのではなく、「美術家に直接描いてもらったもの」「髙島屋のために描き下ろしたもの」といった独自に収集した作品を展覧することにこだわった。日本橋店、南海店、京都店には、画廊やギャラリーも開設した。

髙島屋は人気画家の富岡鉄斎と、特に深い付き合いがあったようだ。大正時代には、数回にわたり富岡鉄斎の個展を開催し、画集も刊行した。このような密接な関係を築くことで、将来性を見込んだ画家や工芸家たちに創作意欲を奮い立たせた。結果的に、そういった動きは日本の美術界に貢献し、また日本の文化そのものをつくる一翼を担っていたことにもなる。

玩具・劇・江戸・旅・海外……バラエティに富んでいく催し物

大丸は一九一三年に大阪店の新館が竣工した際、その新館落成記念として「オモチャ博覧会」を開催した。文化的色彩のある催事の先駆けとして、当時注目された。

大丸はオモチャ博覧会において、東京、京都、大阪だけでなく、山形や鳥取などからも出品者を募った。男子、女子、幼稚園、小学生と、それぞれの用途を意識して商品を並べた。

大丸の社史である『大丸三百年史』には、「大阪時事新報」に当時掲載されたオモチャ博覧会の記事が取り上げられている。具体的にどのようなモノが売られていたのかがよくわかる記事なので、ここで紹介しておきたい。

　幼児玩具としてはネブリコ笛、ガラガラ、鈴等の木製又はセルロイド製の危険なきもの、幼稚園時代のものには同じくセルロイドや木製等の鳥、舟、魚等の浮泳玩具。小学生時代のものには扇風器、飛行機、水上飛行機、霞み獨楽《こま》。高等小学時代のものには活動獨楽、電話、立琴、大正琴、手風琴等の楽器類より歴史風俗人形等頗る多い。

また、大丸が一九一〇年三月に大丸東京店で開催した「時代服展覧会」は、貴族の衣服を一堂に集めるという豪華な内容だった。『大丸三百年史』にその記述があるので、こちらも取り上げておく。

鍋島、池田、藤堂、青山等の華族や諸名家から200点の出品があった。これは元禄時代から明治初年に至る各階級の服装を網羅した貴重な資料で、中には大久保利通の木綿袴、大隈伯が暴漢に襲われたときに着ていた洋服などもあり、開会初日には大隈重信ら名士100余名が来場し、一〇日間満都の人気を集める盛況を呈した。

大丸がオモチャ博覧会を開く前の一九〇九年に、三越でも「児童博覧会」を主催している。子どもの生活文化への関心の高まりに着目したもので、子どもが求めるような品々を展示したほか、外国の山や湖の模型なども設置した。連日、親子連れで賑わい、以降、形を変えて毎年児童博覧会が行われるようになった。

三越や髙島屋、大丸の例でわかるように、百貨店は明治の後半ごろまでは美術品、工芸品を中心に文化催事を展開した。これが大正に入ると、幅がグッと広がり、ユニークなものが増えてくる。

三越が一九一五年に開いた博覧会は、実にバラエティに富んでいた。二月二〇日から三月七日まで、「劇に関する博覧会」を開催。歌舞伎の名家をはじめ、演劇に関わるあらゆる方面に手配をして、おなじみの演目の衣装、小道具はもとより、人気役者の似顔絵、筆跡、舞台装置まで集めた。当時、芝居は「娯楽の王様」とまで言われていたこともあり、連日大入りの大盛況だったようで、会期を一週間延期したほどだった。

六月一日から六月二〇日までは、「江戸趣味展覧会」を行った。江戸時代の庶民生活が垣間見える品々を各方面から集め、一堂に展示した。作品としては、厨子棚や調度器具類、衣装、絵図などを並べた。

さらに、七月二日から七月一五日までは、「旅行に関する展覧会」を開いた。避暑、旅行の時期を迎えるにあたり、旅行に関するあらゆる珍しいものを陳列した。旅行用品を展示するだけでなく、休憩室を兼ねた旅行案内室には、時刻表や案内書を備えつけた。

大正の終わりごろには、商店街でも催し物や売り出しが頻繁に行われていたが、百貨店は文化催事を絶え間なく開催していたようだ。初田亨《はつだとおる》著の『百貨店の誕生』（ちくま学芸文庫）では、当時の様子が「百貨店は催し物で年中博覧会のような状態を呈していた」と表現されている。また同著では、文化催事の活気ある様子が、三越のPR誌を編集していた浜田四郎の言葉として紹介されている。

大正の末期になると、全国至る所の商店は各種の催し物に寧日がない。百貨店は年中博覧会の観あり、売出し催しもの陸続として絶間なきに至ったが、一面顧客誘致策の普遍を証するものだ。

昭和初期に入ると、百貨店各社は店舗を洋風の豪華な建物に改築していったが、その動きと連動するかのように、海外の品々を展示する文化催事が増えていく。

三越は一九二八年（昭和三年）、「伊太利名作絵画展」を行った。これは前年に洋風建物へと改修工事を終えた日本橋の本店で、現代イタリア美術の大家や新鋭画家の作品を集めて展示したものだ。翌一九二九年には、「電燈五〇年記念展覧会」を開く。エジソンが白熱電燈を発明して五〇年目にあたるのを記念して、照明学会・家庭電気普及会の主催により行われた。

商売だけにこだわらない日本独特の催事文化

さらに、一九二七年には三越ホール（現・三越劇場。一九二七年に日本橋三越本店の六階に新設された。百貨店の中に劇場が設けられるのは、当時は世界でも珍しかった）で、日本初のファッションショーである「三越のファッションショウ」を開いた。これは一般から募集した着物図案の入選作を意匠部が仕立て、舞踏しながら披露《ひろう》したものだ。

『株式会社三越100年の記録』には、当時の様子が写真入りで記述されている。現代のキラキラした華やかなファッションショーとはやや趣《おもむき》が異なり、着物をまとったモデルが、ステージで舞を披露している姿が写っている。やはり人々の関心は高かったようで、「見る楽しみとともに流行の情報源として好評を博した」という。

ファッションショーは広がりを見せ、三越は一九三六年五月に、本店で「ファッション

ショウ 婦人・子供洋装夏のコレクション」を主催した。その一〇月には、フランス人デザイナーを招いて、夏と同様のコンセプトで「秋のコレクション」を開いた。ワンピースからイブニングドレスまで、婦人服だけでなく子ども服の新作も発表したことが特徴的だった。

海外の品々を中心に、百貨店の「華」として機能していた文化催事だが、昭和中ごろの第二次世界大戦中は、軍事色の濃いものが数多く開かれていた。そして、戦後は講和・復興・平和などに関する内容の催事が増えていく。

一九五六年、高島屋は日本橋店に「ザ・ファミリー・オブ・マン（人間家族展）」を開催する。これは、ニューヨーク近代美術館の開館二五周年を記念して、写真部門のディレクターであったエドワード・スタイケンが企画した展示会だった。

結婚、誕生、遊び、家族、死、戦争という人類に普遍的に共有される営みをテーマとして、六八カ国、二七三人の写真で構成。ヒューマニズムを伝える文化催事として、多くの人々に感銘を与えたようだ。その展示手法も、スチール材を中心にシンプルで立体感のある構成となっており、ディスプレイのデザインのあり方についても、その後の手法に影響を与えた。

そのころの百貨店では、戦後のアメリカ文化への盲従から脱皮する意思を示すかのように、日本文化を前面に打ち出した催事も増えてくる。

三越は一九五四年一月、日本橋の本店で「皇室写真展覧会」を開催。天皇一家の写真とともに、成人を迎えた皇太子が欧米に外遊した際に撮影した写真など、一〇〇点超を展示した。

三越は同じ年の三月に、文化財保護委員会（文化庁の前身）などの主催で、「無形文化財日本伝統工芸展」を開き、個人作家として実績を重ねてきた工芸家によって制作された、優れた伝統を持つ工芸品四七種の中から選び抜いた品を展示した。翌一九五五年には、三越劇場で外国人向けの「きものショー」を開催した。

一九五六年には、同じく本店で「歌麿一五〇年記念 浮世絵名品展」を開く。浮世絵の喜多川歌麿《きたがわうたまろ》を中心とした江戸時代の武家芸術、そして幕末に活躍した歌川広重《うたがわひろしげ》（安藤広重）などの名作を集めた展示会だった。三越の前身である越後屋を描いた、歌川豊春《うたがわとよはる》の「浮絵駿河町呉服屋図」も展示され、話題を集めた。

数多くの事例を見てきたように、文化催事は実に多種多様なものが展開された。百貨店の催事が、実際に社会文化の形成に大きな役割を担っていたのは確かであろう。

百貨店が催し物を手がけるようになったのは、アメリカの百貨店の売り出し（セール）からヒントを得たようだ。売り出しは、世界で最初の百貨店と言われる「ル・ボン・マルシェ」でも、早くから積極的に行われていたと見られる。

しかし、日本の百貨店の催し物は欧米の売り出しとは趣が異なっていた。店舗に人々を集めるという側面で大きな役割を果たし、それが間接的に商品の売り上げを伸ばしたことは確かだろうが、売ることだけにとどまらない文化的な催事が多かったのが、日本の百貨店独自の特徴だった。

とはいえ、催し物の中には、陳列会や売り出しとの区別が明確でないものもあったようだ。大丸が一九一〇年に京都で開催した「大丸ガーデン」は、独特の催し物だった。後に京都店ができる四条通の空き地に、売店と娯楽場を兼ねた施設をつくり、「大丸ガーデン」と銘打って七月一日から五〇日間、イベントを行った。

会場には銘仙《めいせん》、浴衣、小間物、化粧品などを並べ、赤い提灯《ちょうちん》で飾りつけをした。中央にはローラースケート場や、噴水池、売店や模擬店を配した。正面の舞台では、落語や芸者の踊りを見せた。

大丸ガーデンは売り出しと演芸会、そして盆祭りが混在したような、何もかも盛り込んだ催し物だったが、エンタテインメントの要素をふんだんに盛り込んだだけあって、京都の人々を昂揚させる効果は抜群だったようだ。『大丸三百年史』には、「夕方五時の開場とともに五〇〇名に上る来客がどっとくり込み、入場の整理に苦労するありさまであった。来場者は日ごろ外出嫌いな当時の京の婦人がほとんどで、連日超満員を続けた」と、当時の活況ぶりが描かれている。

「お子様ランチ」は百貨店から生まれた

文化催事について見逃してはならないことは、その中に子ども向けの内容もしばしば含まれていたことだ。大丸のオモチャ博覧会を代表とする児童博覧会も人気を博した。ファッションショーでは、婦人服だけでなく、子ども服の新作まで打ち出した。こういった文化催事の内容から、百貨店はメイン顧客である女性層だけでなく、子ども連れの「家族」を新たなターゲットにしていたことがわかる。

日本の百貨店は、昭和初期のころにはすでに、「家族連れで利用する場」として浸透していた。家族連れで百貨店を訪れるのは、日本の特色の一つでもあった。前出の『百貨店の誕生』には、当時、三越の雑貨係副長であった山本周太郎《やまもとしゅうたろう》の言葉として、その様子が綴られている。

パリーのデパートのお客様の九分九厘までは婦人客である事、男の客が尠《すくな》く、子供連れの尠い事などが特徴で、日本の様に子供連れで、家族団欒《だんらん》式で百貨店へ来るといふ事はクリスマス売出し当日位のものです。

このように昭和の初めには、欧米の百貨店では顧客の多くが婦人であったのに対して、日本の百貨店は家族連れで訪れる行楽の場としての役割も果たすことが、広く認知されていた。

子ども連れの婦人客に一日の行楽として百貨店を選んでもらうために、明治から大正にかけての百貨店は仕掛けとして、施設内に食堂や屋上庭園を設置していった。

日本の百貨店で、もっとも早く食堂を設けたのは、東京・日本橋の白木屋だった。白木屋は一九〇三年（明治三六年）に建物を改築した際、木馬やシーソーなどの玩具、そして幼児用の寝台を置いた遊戯室を設けた。翌年、その一部に、建物の周辺に店舗を構えていた著名な飲食店の出張店をつくり、しる粉、そば、寿司などを出した。この白木屋の遊戯室に姿を現した仮設的な食堂こそ、百貨店の食堂の始まりとされている。

白木屋はその後、一九一一年に店舗の大増築工事に着手し、売り場面積を倍にした。その際に、それまでの仮設食堂を改良し、およそ一〇〇人の客を入れることができる本格的な食堂を設置した。新しい食堂では、昼食（五〇銭）、白木屋ランチ（サンドイッチ、二〇銭）、寿司（一五銭）、洋菓子（一二銭）、和菓子（一〇銭）、果物（一〇銭）といったメニューを揃えた。サイダー、牛乳、コーヒー、紅茶などの飲み物も提供した。

東京の百貨店ではほかにも、松屋が一九〇七年、大丸が一九〇八年に、それぞれ建物を新築した際、三〇人程度の客を収容できる食堂を設けている。

三越も比較的早くから食堂を備えた。東京・日本橋の本店内に食堂をつくったのは、一九〇七年四月のこと。同じ年の三月から上野で開催されていた「東京勧業博覧会」を機に開設した。これは三越がデパートメントストア宣言をした一九〇五年から二年後のことである。

食堂は約一五六㎡の広さを持ち、テーブルを七、八台置いていた。寿司など日本食のほかに、老舗の和洋菓子、飲み物なども用意していた。食事（五〇銭）、寿司（一五銭）、西洋菓子（一〇銭）、和菓子（五銭）、コーヒー（五銭）、紅茶（五銭）といったメニューを提供した。

三越は一九一四年に鉄骨鉄筋コンクリート六階建ての新館を完成させた際には、食堂を広くした。しかし、メニューはそれほど増やしておらず、和食やしる粉など二〜三品が加わった程度だった。

一九二一年には、西館を増築する。それにともない、西館の六階に八五五㎡という旧食堂の何倍もの広さを持つ大食堂を開設した。メニューも大幅に増やし、鰻めし、鳥そぼろめし、親子めし、パイ、ドーナツ、ココア、ウーロン茶など、四〇種類を五銭から一円で提供した。

西洋料理のメニューを本格的に販売し始めたのは、一九二二年のこと。東館に六、七階を増築し、二〇〇人を収容できる第二食堂を開設してからだ。この食堂は洋食専門とし、洋食定食を一円、グリルを一円五〇銭で提供。そのほか、サンドイッチや菓子、コーヒー、紅茶などを販売した。

強調したいのが、この時期に百貨店の食堂から子ども用メニューであるお子様ランチが生まれたことである。一九二三年に発生した関東大震災にともなう火災で、三越は全館延焼した。それから二年後の一九二五年に西館の改修工事が終了すると、五階に移した食堂で子ども用の椅子をつくって備えた。この椅子は子ども連れの家族客に好評で、食堂の客がさらに増えたという。

一九二七年に近代的な日本橋本店が竣工、食堂も移動、拡張などの改修が続けられた。その過程で、一九三〇年に食堂で「御子様洋食（お子様ランチの前身）」を提供した。「子どもに夢のある食事を」との考えから、ご飯は富士山をかたどり、頂上に「越」の旗を立て、コロッケ、ハム、スパゲティ、サンドイッチを並べた。価格は三〇銭だった。ほかにも、オムレツやチキンライス、ハヤシライス、子どもパン、赤ちゃんのお菓子、しる粉、アイスクリームといった子ども用メニューを増やしていった。

このように、三越が初めてお子様ランチを提供したと言われているが、その誕生ルーツとして実はもう一説ある。東京・上野の松坂屋が一九三一年、お花見や上野動物園の帰りに子ども連れの客で賑わう時期に、「お子様ランチ」という名前でメニューを提供したというものだ。ライスの上に日の丸の旗を立て、おまけをつけた。これをお子様ランチの起源、とする見方もある。

おそらくは、日本で初めて子ども向けのセットメニューを提供したのが三越で、お子様ランチという名前で売りに出したのが松坂屋ということなのであろう。

どちらにしても、百貨店が子ども連れの客に対して細やかな配慮をしていたことは、食堂での子ども用メニューからわかる。それだけ家族連れの客を大切にしていたと言える。

「屋上庭園」のさまざまな仕掛け

食堂と並んで、家族連れの客が百貨店で楽しむことができた人気の施設として、屋上庭園がある。

三越は食堂を開設した一九〇七年に、洋風建築でつくられた元洋服部の建物の屋上を改造して、六〇坪程度の大きさの庭園を設置する。ここに花壇、噴水池、藤棚などを配し、「空中庭園」と名づけて顧客にアピールした。「廻転パノラマ」をつくり、望遠鏡も備えるなど、あたかも小さな遊園地のような雰囲気があったようだ。二階建て施設の屋上とはいえ、当時はまだ高層な建築物がなかったため、眺望《ちょうぼう》は絶景で賓客《ひんきゃく》の接待の場としても使用していた。

これ以降、屋上庭園は三越にとって、欠かせない存在になっていく。一九一四年に、東京・日本橋に新館が竣工した際は、一段と大きな屋上庭園をつくった。噴水池や茶室、花壇、そして楽器演奏などを披露できる奏楽台を備えた。さらには、北は上野浅草方面を、南は品川沖を眺望できる展望台も設置した。池をつくり自然の植物を植え、茶室もあったため、日本庭園のような雰囲気があった、とされている。

三越は一九二一年に、本店西館を完成させた際に大きな食堂を設置したことは先ほど述べたが、同時に屋上庭園もつくった。七階中央部にギャラリーをとり、その周囲に散歩道があるテラスを設けた。西館には三台のエレベーターを七階まで設置し、そこからさらに高塔に設けた高さ約四三mの展望室につながるように設計してあった。

建物の屋上に庭園をつくったのは、三越だけではない。松屋は建物を改装した一九〇七年に、「遊覧所」と名づけた腰掛を置いた展望所を設置した。白木屋は一九一八年に屋上庭園を完成させ、休憩所のほか、温室、盆栽などを置いた。

京都の大丸は、少し趣向の異なる施設をつくった。一九一二年に建物を新築した際に、屋上に余興場を設置した。そこには運動場があって、ローラースケートを楽しめた。また、音楽室も設け、少年音楽隊が土、日曜日に演奏会を催し、建物全体を活気づける役割も担った。

百貨店が家族で楽しめる場として屋上を重要視する傾向は、大正の終わりごろから昭和の初めにかけて、より鮮明になっていく。一九二三年の関東大震災以降、鉄筋コンクリート造りの建物を建築すると、各百貨店はその屋上に、競うように立派な庭園をつくる。内容も、バラエティに富んでいた。

一九二四年にオープンした松坂屋の銀座店は、屋上にライオン、豹などがいる動物園をつくった。一九二九年に完成した上野店の新館は、児童遊園施設を設けた。また、一九三一年に開業した松屋の浅草店は、小動物園や各種の遊戯施設を集めた「スポーツランド」を設置した。

このような形で、食堂とともに屋上庭園は、家族連れがレジャー感覚で訪れて楽しむ場所として認知されていった。

「演奏会」「音楽隊」によるエンタテインメントの充実

さて先ほど、日本の百貨店は催し物、特に文化催事を数多く主催したことが特色の一つと記述したが、そういった展覧会や小博覧会を開催する場所としてのエンタテインメント設備も充足していった。

三越は、まず一九〇八年に、東京・日本橋に仮営業所を建設した際に、中央階段を上がった踊り場にグランドピアノを置いた。また、三階には「八稜堂」を設置して、美術品の陳列場とした。一九一四年に新館が完成したときには、屋上に「奏楽堂」を備えた。一九二一年に西館を増築すると、二階に特別陳列場、七階にギャラリー（展覧場）をつくった。このギャラリーは天井が高く、部分的にステンドグラスを用いたため、上方から室内に光が落ちてくるなど、他の施設とは違った雰囲気を醸し出していたという。ここでは美術展をはじめ、余興などさまざまな催し物が行われた。

関東大震災後の一九二七年には、「三越ホール」も姿を現した。本店東館の六階と七階を貫いてつくったもので、一一六mのステージと一階五四二席、二階一三六席を備えた本格的な劇場だった。

周りの壁には大理石を用い、また杉浦非水の図案による緞帳《どんちょう》を使用したことで、豪華な雰囲気を演出。色彩や明暗を調整し、舞台効果を高めるために、数多くのスポットライトを装備した。年間を通じて快適な環境を提供するために、換気・冷暖房装置も完備した。

三越以外の百貨店でも、比較的早くから劇場を備えていたところがある。白木屋は日本橋の本店に、すべて椅子席で二〇〇人以上の人を収容できる余興場を一九一一年に完成させる。松坂屋も一九一七年に、上野店本館の増築を行った際、エレベーターなどと同時に大ホールも設置した。

　このように、大正から昭和の初めにかけて、建物全体に美術や音楽を楽しめるエンタテインメント施設を設置したことで、百貨店は娯楽的要素を高め、ただ買い物をするだけの場ではなく、家族が一日がかりで楽しめる場として進化していった。

　ここで、意外とも言える事実を紹介しておきたい。百貨店は比較的早くから美術的な催し物を展開していたが、実はそれよりも早くから手掛けていたのが、西洋音楽の演奏会である。これまで述べてきたホールなどの新しい施設を活用して、たびたび西洋音楽のリサイタルやコンサートを開いた。

　三越はデパートメントストア宣言を打った一九〇五年、休憩室にピアノとヴァイオリンを設置して、翌年から店内で演奏会を開催した。作詞・作曲家の北村季晴《きたむらすえはる》がピアノを弾く、ヴァイオリンとの合奏で、毎週二、三回、人々が自由に聞ける形式で約二年間続けた。

　このころ西洋音楽が一般人の耳に入る機会は極めて少なく、「見る〳〵楽壇の周囲は人の山で市中の評判になつた。三越へ行くと西洋音楽がロハ（無料）で聴かれるといふ、押すな〳〵の人気だ」ったと、『百貨店の誕生』に綴られている。

　その後、三越は一九〇九年に、「三越少年音楽隊」を結成。顧客の誘致や店内のムードづくりを目的として、少年音楽隊の編成を企画し、一般から希望者を募った。多数の応募の中から音楽的素質の優れた一五名が選ばれ、海軍音楽隊出身者を学長に据え、猛練習を繰り返したという。

四月一日から開催した「児童博覧会」で初演奏を行い、児童博覧会の多くの催しの中でも、一番人気を得たようだ。これ以降、少年音楽隊は三越が主催した各種行事にたびたび出演し、陳列場で演奏したほか、官庁や学校、会社などへ出張演奏にも出かけていった。

音楽の趣味がそれほど普及していなかった時代だけに、日本に西洋音楽を広めるうえで、三越は重要な役割を果たしたのである。

百貨店の音楽隊としては、白木屋でも一九一一年に、女子だけの「白木屋少女音楽隊」を創設した。ヴァイオリン、ギター、ヴォーカルといった構成で、邦楽演奏などを余興場で披露した。同じ年には、名古屋のいとう呉服店が、「少年音楽隊」を編成。翌年には、京都の大丸も「大丸少年音楽隊」を結成している。

顧客誘致の一環だった「宝塚歌劇団」

百貨店を家族連れが訪れる場、そして文化発信の場として、さらに大きなスケールで発展させたのが、一九二九年に阪急百貨店を創業した小林一三である。

小林一三の大胆さは、当時世界でも例を見なかった女性だけの劇団「宝塚歌劇団」を創設したことからもわかる。小林は鉄道に顧客を誘致する施策の一環として一九一一年に開業した宝塚新温泉（後の宝塚ファミリーランド）の拡充を考え、室内プールを改造したパラダイス劇場をつくった。この場所を使って、余興を見せようとしたのが、宝塚歌劇団の始まりだった。

一九一三年に宝塚歌劇団の前身となる宝塚唱歌隊を結成し、一九一四年に第一回公演を開催。パラダイス劇場において、歌と踊りによる華やかな舞台を演出した。一九一八年には、現在の宝塚音楽学校の前身である宝塚音楽歌劇学校を設立し、学校のような授業や評価・選抜システムを取り入れた。

一九一九年に生徒と卒業生による宝塚少女歌劇団をつくり、そして一九四〇年に宝塚少女歌劇団を現在の「宝塚歌劇団」に改称した。後に、「ベルサイユのばら」が大ヒットするなど、宝塚歌劇団は阪急電鉄の沿線に住む人々だけでなく、全国単位で多くのファンを獲得していった。

阪急電鉄の沿線にエンタメ施設を充実させていった小林は、「大衆第一主義」の集大成として梅田駅に阪急百貨店を開業した。地下二階、地上八階という、当時では群を抜いた規模を持ち、従来の高級百貨店としてではなく、より多くの人々に親しまれる新しい百貨店を標榜。品揃えは、一般雑貨や食料品、家具や玩具といった一般的な家庭で使う日用品が中心で、呉服も高級なものは取り扱わない方針だった。

さらに、阪急百貨店は大食堂を設置し、目玉メニューとしてカレーライスを売り出した。これが大ヒットし、一九三六年には「一日に一万三〇〇〇食も食べられた」、との記録が残っているほどだ。

小林による大衆が楽しめることを意識した沿線開発は、人々の新しいライフスタイルを生んだ。結果的に、今日の関西圏の文化そのものを築き上げることにつながったのである。

新たな時代のセンスを取り込んだ「パルコ」

一九七〇年代に入ると、こういった流行をつくりだす仕組みを、いっそう進化・先鋭化させた企業体が現れた。第一章でも取り上げた、堤清二がつくりあげた「セゾングループ」だ。

堤は、西武百貨店や西友、パルコ、ロフト、さらには無印良品、ファミリーマートなどを続々と立ち上げた。いずれも、現在でも消費者が日々の生活においてなじみのある企業である。セゾングループは多種多様な事業でコングロマリットを形成し、独自の立ち位置を確立していた。

現在の日本では、全国で大型のショッピングモール、食品スーパーを展開するイオングループと、セブン-イレブンやイトーヨーカ堂を傘下に持つセブン&アイ・ホールディングスの二大流通グループが、小売業界のトップとして君臨する。

だが、この両社といえども、独自色のある多彩な事業を生み出したという側面においては、当時のセゾングループにはかなわないかもしれない。

敗戦後の一九六〇年代に、日本は高度経済成長期に突入した。そのころから人々は、カラーテレビやクーラー、自動車などを購入し、日々の生活を徐々に豊かにしていった。ところが、一九七三年の第四次中東戦争をきっかけとするオイルショックなどが影響し、日本経済は低成長の暗いトンネルに入ってしまう。

一方で、戦後のベビーブーム世代が成人し、新しい価値観や消費行動、文化行動が見られるようになっていった。この新しい価値観に、新たな提案、働きかけをしていったのがセゾングループだった。

セゾングループは売上高を伸ばすというよりは、消費文化をリードすることに力を注ぎ、小売業界での存在感を増していった。セゾングループが手掛ける事業には常に、新しい価値の提供、新しい機軸、新しいアイデアがあった。話題性が豊富で、高感度のセンスも備えていた。鈴木哲也著の『セゾン 堤清二が見た未来』には、セゾングループの異彩ぶりが次のように語られている。


かつてのライバルだったダイエーや現在のセブン&アイ、イオンと比べても明らかに異質のものだった。

「商品を売るのではなくライフスタイルを売る」

「モノからコトの消費へ」

「店をつくるのではなく、街をつくる」

かつて堤が提唱した方向性は、小売業やサービス、商業施設の開発など、消費に関わるあらゆる産業で、今なお繰り返し、語られている。

現代は、あの手この手で様々なマーケティングを駆使しても、なかなかものが売れない。

「渋谷PARCO」

だからこそ、かつて堤が提唱したものと同じスローガンが、何度でも繰り返されている。

時代を先取りし、新しい文化やライフスタイルを提案することで、かつてとは違った流行をつくり出してきたセゾングループ。その「セゾン文化」を発信する中心的な事業は西武百貨店だったが、独自の尖《とが》ったエッセンスで特に若者層に強くアピールしたのが、ファッションビルの「ＰＡＲＣＯ（パルコ）」だ。

イタリア語で公園を意味するパルコの一号店が、東京・池袋にオープンしたのは一九六九年のこと。当時はまだ、百貨店が小売業界をリードしていた。その中で、パルコは当時では珍しかったファッションビルとして事業を開始した。

パルコは自ら商品を仕入れて売るのではなく、テナントからの定期的な賃料で利益を得る不動産ビジネスを主体とする。そのため、百貨店のように商品の品揃えで他社と差をつけるのではなく、テナント構成と建物全体のイメージで差別化を図っている。鈴木哲也の言葉を借りると、〈空間プロデュース業〉とも言えるビジネスモデルだ。

一九七三年には、東京・渋谷の区役所通りに「渋谷パルコ」をオープンした。この渋谷パルコは、新しい消費文化を牽引すべく、数々の仕掛けを打ち出す。そして、そういった取り組みが結果的にパルコの名を広めた。

〈すれちがう人が美しい〜渋谷公園通り〉

開業時には、このようなコピーを打ち出した。渋谷パルコは、当時「区役所通り」と呼ばれていた場所で店舗を構えた。区役所通りは雑居ビルが並ぶ裏通りのイメージがあったが、パルコはこの雰囲気を変えることを狙った。その後、周辺エリアは「公園通り」と呼ばれるようになり、パルコのもくろみ通り、洗練された若者のファッションの街へとイメージが変わっていった。

斬新なイメージ戦略で街すら塗り替える

渋谷パルコが出店した先は、決して恵まれた立地ではなかった。渋谷駅から五〇〇m超えの距離にあり、区役所通りの坂道の上にあった。このあたりは、駐車場や雑居ビルが並ぶ、華やかさのかけらもない街並みだった。

しかし、西武百貨店はそのようなエリアに土地を購入した。西武渋谷店の駐車場用地として確保したと見られる。坂の上という恵まれない条件の立地。ここにパルコを出店すると決めたものの、ここまでどのようにして消費者を引っ張ってくるのか。その難問に対し、堤は劇場を設置することで、まずは目的を持って見に来てくれる人を呼び込むことを思いつく。

そして、一九七三年五月、渋谷パルコの開業よりも一カ月早く、「西武劇場（後のパルコ劇場）」をオープンした。劇場を先行してオープンすることで、渋谷パルコが単にモノを売る商業施設なのではなく、建物全体が文化の発信機能を備えていることをアピールしようとしたのである。

また、渋谷パルコは一九七五年、「渋谷パルコ パート2」を開店。DCブランドが集積するフロアを設け、ニッチで個性的なファッションが店頭に並ぶことを狙った。さらに、一九八一年には、「渋谷パルコ パート3」をオープン。スポーツ、インテリア、雑貨といった分野を集め、暮らしを豊かにするライフスタイルの提案をいっそう意識した店舗にした。多彩な切り口で、多様化する消費者ニーズに応えようとしたのである。

渋谷の店舗が開業した一九七〇年代、パルコは宣伝広告に、当時注目され始めていたアートディレクターの石岡瑛子やイラストレーターの山口はるみなど、新進気鋭のクリエイターを起用する。そして、アグレッシブで斬新なキャッチコピーを積極的に採用した。

〈モデルだって顔だけじゃダメなんだ。〉

一九七五年(昭和五〇年)の広告には、一風変わったこのようなキャッチコピーを打ち出した。モデルの女性は、モダンな鮮やかな色の洋服をまとい、まっすぐに前を見つめている。このインパクトのあるビジュアルは、見る人に強い印象を残した。現状を否定する

モデルだって顔だけじゃダメなんだ。
PARCO

アートディレクション：石岡瑛子
キャッチコピー：長沢岳夫

かのような、社会に対するアンチテーゼ的なこの広告は、パルコの経営姿勢そのものを表現したものであったが、一企業の広告を超える衝撃を世間の人々に与えた。

その後もパルコは、インパクトのある宣伝広告を相次いで生み出した。

〈死ぬまで女でいたいのです。〉
〈恋ひとすじ、生きてみたい。〉
〈私は、私の道をみつけました。〉
〈男には、忘れられない女が一人はいる。〉

このような男女の心情に訴えかけるような感性的なキャッチコピーで、パルコは時代をリードした。巧みなプロモーション戦略によって、先鋭的なイメージを築き上げていったのである。

渋谷パルコを中心に、流行の発信拠点として、百貨店など他の商業施設とは違う独特の立ち位置にあったパルコ。劇場だけでなく、音楽やアートの分野で新しいカルチャーを積極的に紹介。出版事業にも力を入れていた。「パルコに行けば何かある」と、消費者に思わせる仕掛けを演出した。

日本の経済は、戦後初めて成熟期を迎えていた。物質的な豊かさをひたすら追い求めた高度経済成長が一服し、消費者は新しいライフスタイルを探し求めていた。このような時代に、パルコは若者が好きなサブカルチャーを前面に押し出すことで、若者文化をリードしていった。

新しい文化を提唱するパルコのスタイルは、セゾングループの他の企業にも影響を与える。西武百貨店は、渋谷パルコが最上階に西武劇場をオープンしてから二年後の一九七五年、西武池袋本店の最上階に「西武美術館」を開業した。

そして、パルコの斬新な広告がすっかり世間に浸透していた一九八〇年代に、西武百貨店は糸井重里がつくった広告コピー〈おいしい生活。〉を打ち出す。このパルコに負けないほどの先鋭的なコピーは、世間の耳目を集めた。今も記憶に残っている読者も、少なくないだろう。

高度経済成長期が終わり、日本人が生活の指針を失いかけていた時代に、セゾングループは新たな価値を示した。一連の動きを見てみると、そのセゾン文化の源流は「パルコだった」と言えるのかもしれない。

パルコは街全体のイメージを変える存在でもあった。渋谷は当時、際立つ個性がないような少し寂しい街だったが、渋谷パルコ進出を機に、「ファッションが溢れる若者の街」というイメージが定着したのである。

第三章　サービス――「おもてなし」は武器であり続けるか

「接客のプロ」である百貨店の店員

第一章では百貨店の「モノを売る」という面、そして、第二章では「流行をつくる」という面を取り上げた。百貨店は単に衣服や化粧品などを売ってきたのではなく、時代の変化に合わせて品揃えを拡大し、消費者の需要に応えてきた。また、自ら流行を創出・演出し、かつ文化発信機能を担い、それが街、エリア、地域の活性化につながってきたことも書いてきた。

ここからは、この「モノを売る」機能、そして「流行をつくりだす」機能に加えて、「おもてなしを提供する」という機能も百貨店が持つことにスポットを当てたい。

「おもてなし」と言えば、次のことを連想する日本人は少なくないだろう。「お・も・て・な・し」——そう、二〇二〇年東京オリンピックの誘致を決める要因の一つになった、滝川クリステルが二〇一三年にアルゼンチンで行ったスピーチである。

訪れる人に対して心を込めてお迎えする、お互いを思いやり、客人に心配りをする。そういった先祖代々受け継がれた、日本の文化に根づくサービス精神の高さを、滝川クリステルは合掌《がっしょう》のポーズを交えながら強調した。

日本の小売業態そのものを築いてきたと言っても過言でない百貨店もまた、「おもてなしの精神」を脈々と受け継いできた。百貨店の顧客は富裕層が中心で、そういった客から信頼を得て、長期的な関係を構築するために、店員はサービスの質の向上を追求し、ホスピタリティを磨いてきた。

現在の百貨店は、消費者の購買行動の多様化などを受けて、売上高は年々右肩下がりの状況だ。小売業態における存在感も、かつての輝きはない。

昔は憧れの目で見られていた百貨店で働く社員、スタッフも、今は決して花形とは言えなくなっている。とはいえ、世間一般の人は「百貨店の店員」に対して、どのようなイメージを思い浮かべるだろうか。著者の思い込みかもしれないが、悪い印象を持っている人は少ないのではないだろうか。

長年、衣服・ファッションを主力として扱ってきたことから、百貨店の店員に対して「おしゃれな店員が多い」という姿を思い描く人もいるだろう。それよりも、「サービス精神が旺盛」「真面目で誠実そう」といった百貨店の店頭で接客を受けた際に持った印象を、そのまま百貨店の店員のイメージとして抱いている人もいるかもしれない。

世間一般の人が百貨店の店員に対して「サービス精神が旺盛」というイメージを持っているかどうかという議論は別にして、百貨店の店員が接客能力を長い時間をかけて研磨してきたことは確かだ。

序章で述べた「店前現銀無掛値」「陳列販売」といった公明正大なシステムは、結果的に百貨店に多くの顧客を呼び寄せた。また、呉服商が百貨店へと進化する過程で、業容拡大の原動力となった。

公正でオープンな販売手法に加えて、「何でも揃う」「品揃えが豊富」という側面が百貨店の特徴としてあることも、これまで何度か取り上げてきた。毎日の暮らしに必要でこまめに買うような日用品、最寄り品よりも、衣服や雑貨といった高級品、買回り品を中心に扱った。現在、百貨店一店あたりの取扱商品はおよそ四〇万～五〇万アイテムで、都心の大型百貨店になると数百万アイテムになるとの見方もある。

百貨店の特徴をあらためて見ると、百貨店の店員は来店するさまざまな顧客に対応する能力、つまり接客力の向上が求められてきたことは想像できるだろう。かつ、多種多様な商品を扱ってきたため、多くの商品知識も求められたであろう。

江戸から存在する社員向けの「マニュアル」

このような能力を身につけるための教育は、師弟制によるマンツーマンで行われたというよりも、早くから規定、現代で言うマニュアルを整備して、多くの社員が偏りなく、均一に成長できるような仕組みの下で行われてきた。

三越は一六七三年の創業時から、すでに職務規定にあたる「定」をつくっていた。翌年の一六七四年には、その補足とも言うべき「店式目」を定めている。これらは三越の創業者で、「町人道の実践者」とも言われた三井高利が、商売人としてのありかたを店員の規定として落とし込んだものだった。

内容は実にこと細かに記してあった。全体の職務規定に始まり、店員の行動と心得、商売の実務、商品・金銀の取扱方法、さらには顧客の対応についてまで幅広く記述してある。例えば、服装については次のような規定があった。

衣類は木綿の着物と木綿の帯よりほかのもの着申すまじく候。たしなみに持ち候とも、絹の着物古く候とも二つ、あわせ一つよりほかには固く持ち申さざるようにいたすべき事。木綿の着物にても目に立ち申すよう備え申すまじき事。

（『株式会社三越１００年の記録』より）

社員としての登用や昇格に関する制度も、厳格なものがあった。三越の店員、いわゆる当時の奉公人は創業当初、関東出身者が多く採用されていたと言われる。しかし、奉公人の数が増えるにつれ、京都や伊勢からの採用を増やしていった。

奉公人が見習い期間から本採用にいたるまでに、「手代《てだい》（丁稚《でっち》・小僧と番頭の中間身分、主人や番頭の手足となって働く者）」には一〇日以内、「子供（手代の補佐、いわゆる丁稚）」には三〇日以内に請状（奉公人の身許保証書）を提出させ、住み込みで主家の家業に従事する契約を交わした。

そして、この期間中、店側は採用予定者の人柄や能力をあらためて見極めようとした。社員として抱え込むからには、「一人前の商人に鍛え上げる」という責任が店主にはあった。そのため、採用基準はなかなか厳しかったようだ。見習い期間中、あるいは採用になったあとも、「暇遣《ひまつかわ》ス」と解雇となるケースも頻繁にあった。

奉公人はまず、一三～一四歳のときに「子供（丁稚）」として採用された。店内の各部署に配置され、雑用、使い走りなどをさせられた。身だしなみに厳しく、子供たちだけでの雑談や口論は禁じられていた。

こうして経験を積んでいくと、子供も手代となって、能力のある者はさらに地位を得ていく。奉公して五年くらい経つと、「初登り」という親元への最初の帰省が許され、そして販売などに携わる手代となる。さらに二、三年後に「中登り」が認められ、毎年一カ月ほどの親元への帰省休暇が認められる。そのころには、結婚も許された。

奉公人の役職には、「目付」「役頭」「組頭」「支配人」「名代」などがあった。ただ、昇進はそう簡単ではなかった。三越の記録によると、一七二二～二三年（享保七～八年）に越後屋に入店した子供は四九人だが、そのうち手代に昇進したのは六人と、全体のわずか一〇％強でしかなかったという。

子供のままずっと昇進しないで気楽に仕事を続ける、というような「安住」も認められなかった。子供として入店し、勤続一五年経っても最下位の役職である上座に就けないような奉公人は、状況次第では解雇の対象とされた。先ほど書いた「初登り」「中登り」という制度は、長い奉公期間の一区切りであり、大きな慰安休暇であったと同時に、継続勤務が可能かどうか、それまでの勤務に評価が下されるタイミングでもあった。

「初登り」「中登り」は、単なる年功序列ではなく、厳しい能力主義で選別された。こういった厳格さが店員のクオリティアップにつながっていたとはいえ、ときには解雇されることもあるなど、なかなかシビアな仕組みだったのである。

三越の社史である『株式会社三越100年の記録』に、奉公人へのボーナスの支給や暖簾分けの仕組みが確立されていたことも記述されている。

享保一〇年の役職者平均年齢は上座29～30歳、組頭32～33歳、支配人38～39歳となっている。給与は年給（小遣い）のほかに賞与として、平手代には定額の「年褒美」、役職者には利益分配金の「十分の一褒美銀」が支給された。また奉公人が独立する場合は大元方から屋号、暖簾を許されたが、この種類も細かく規定されていた。

越後屋はその後も、店員の働き方について規定集を整備していく。一七二二年（享保七年）には、「宗竺遺書」を制定。これは二代目当主の三井高平《みついたかひら》が、初代・高利の遺訓を集大成し「遺書」形式で記したもので、一族の結束、財産の分配方法、処世法、営業上の心得など、三井家のあり方とその事業方法を規定した。

「宗竺遺書」は三井家以外には非公開だったため、一族の規定の域を出なかった。ここから一族の財産分配率などの項目を外し、営業上の心得などに重きを置いた冊子を「家法式目」と名付けて、一七二四年に各営業所に配布した。

創業時の精神を伝達するために、規定集を整えただけでなく、奉公人が勤務中に気づいたことを改善案として提出できる制度も設けた。一七二六年に越後屋が設置した「功勤書」制度は、「商売上有利と思われることは店員の身分を問わず提案させ、審議のうえ良い提案には褒美を与える」ことを規定していた。これは、日本で社内提案制度をもっとも早く導入した実例とも言われている。

「おかげにて安売り」という社訓

一八三一年（天保二年）に京都で創業した髙島屋も、早くから店員の職務規定を定めた。

江戸時代、伊勢神宮への参詣《さんけい》は「おかげ参り」といって、庶民には一生に一度の大旅行だった。伊勢神宮では、二〇年ごとに社殿をつくりかえる式年遷宮《しきねんせんぐう》が行われ、その遷宮の翌年は「おかげ年」として参詣者が増え、京都を訪問する観光客も増えた。

髙島屋が創業した一八三一年は、この「おかげ年」にあたった。こういった経緯から、創業者の飯田新七は、商いの上で守るべき「利を薄くして売る」という言葉を「おかげ参り」と結びつけて、「オカゲニテヤスウリ（おかげにて安売り）」とし、これを店用の符丁

（商品に付けて値段を示す目印）とした。

言ってみれば、オフィス内に所属長が張り出す教訓・目標のようなものを、一般の人が見てもわからないように工夫をして掲示した、ということだろう。髙島屋はこの方法により、普段の営業中でも、商売の心得と基本姿勢を忘れないように戒めた。

飯田新七はほかにも、「四綱領の店是」を制定した。これは商売上の鉄則として、現在でも髙島屋が大事にしている基本姿勢である。

①確実なる品を廉価にて販売し、自他の利益を図るべし
②正札掛け値なし
③商品の良否は明らかにこれを顧客に告げ、一点の虚偽あるべからず
④顧客の待遇を平等にし、いやしくも貧富貴賤によりて差等を附すべからず

髙島屋はこの四項目を店員の基本姿勢として定め、サービスを重視する方針を今日まで貫いてきた。

このようにして、百貨店各社は江戸から明治初期から中期にかけて、店員の働き方の基

礎を築いていった。

どこよりも早かった「女性店員」の採用

そして、三越は「デパートメントストア宣言」をした一九〇五年ごろになると、さらなる顧客層の拡大に備えた新しい体制も整備していく。それは、女性社員の活用である。サービス向上を狙い、一九〇〇年（明治三三年）に初の女性店員を採用した。一九〇三年には二六名の女性店員を雇用する。

ただ、当初は男女店員間の風紀を懸念《けねん》し、女性店員には入店に際し、「男子店員は己の仇敵と心得可し《きゅうてきとこころうべし》」と、男子店員とは交際しない旨を誓詞《せいし》に署名させた。「仇敵」とは、昔と今とでは言葉のニュアンスの違いがあるかもしれないが、いくらなんでも言い過ぎのような気もする。

とはいえ、当時はまだ百貨店化する前の呉服屋の段階であり、女性採用に慣れておらず、男女問題にかなり神経質、というよりも、どう対応、接してよいものか迷っていたことがうかがえる。

三越は一九二一年には、女性店員の服装にも規定を設ける。もともと、華美に流れないようにとの考えのもと、生地、色などを制限する規定をつくっていたが、「非活動的」「顧客との区別がつきにくい」などの指摘があったため、この年の九月に制服の着用を義務づけた。

『株式会社三越100年の記録』には、紫紺無地の木綿生地の制服をまとった、当時の女性社員七名の写真が掲載されている。モノクロ写真での掲載ということもあるだろうが、そこに写っているのは、一般女性が憧れを抱くような服装ではけっしてなく、地味に、目立たないようにという点を重視したことが想像できるような制服である。

三越は店員が働きやすくなるように、福利厚生面も徐々に充実させていく。

一九〇九年には、店員慰労大運動会を開催。当時の商店は年中無休で、全員参加の慰安旅行など考えられない時代だった。だが、三越は一一月六日に店を臨時休業して、店員の慰労のために大運動会を開いた。そのときの様子は、『株式会社三越100年の記録』で次のように綴られている。

新橋から27両連結の一列車を借り切って鎌倉へ向かい、音楽隊、自転車隊を先頭に総勢1000余名が整然と隊列を組んで鶴ヶ岡八幡宮に参詣したあと、由比ヶ浜で運動会と余興を楽しんだ。

さりげない一文だが、一〇〇〇名超が鎌倉へ移動したとの記述から、大規模なイベントだったことが浮かんでくる内容である。

一九一五年には、店員の福祉増進と相互扶助を目的に、「三越店員愛護会」を創設。これ以降、各種クラブなど保養施設の開設、体育・文化活動の補助奨励、救済貸付金制度などを整備していく。

初めての定休日も設けた。一九一九年の一〇月から、毎月第一、および第三日曜日を定休日と定めて実施。これは、当時の小売店としては異例のことだった。定休日を告知する「謹告」には、「店員にせめて世間普通の休暇日にたる日曜日二回の休養を与えたいため……」と、新しい施策を打ち出した理由について記述されている。

それにしても、かき入れ時であるはずの日曜日を定休日にするという発想は、どこから生まれたのだろうか。「これはまずい」、と思ったのか、三越は翌一九二〇年に、「毎月一〇日と二五日」と、日にち指定の定休日に慌てて変更している。

「花嫁修業」から「職業婦人」へ

ここからは、先ほども取り上げた女性店員の話に戻そう。一九〇〇年代半ばから一九一〇年代、明治から大正にかけて、百貨店は女性店員の採用を増やしていった。呉服店から百貨店化の道を進んだ百貨店では、この一〇年ほどの間に、女性店員の必要性を初めて認識し始めたことになる。

百貨店はこの時期、座売り方式から陳列販売方式への転換、化粧品、児童用品、洋装品など、呉服以外の取扱品目の増加、休憩施設、食堂、屋上庭園といった施設の充実など、新しい顧客を呼び込むための改革を進めていた。

こういった経営革新の中で、サービスの向上が求められ、「おもてなしの精神」で顧客を迎える必要性が高まった。その対策のために、新しい風を吹き込む目的で、女性の採用を増やしていったのだ。

三越では一九〇〇年に、仕立物検査係、電話係として初めて女性店員を採用した。一九〇三年には、公募により四四九名の中から二六名を採用している。関西では高島屋が女性店員の採用が早かった。一九〇〇年に京都本店で、仕立物検査係を設け、そこに女性店員を起用している。

百貨店（当時は呉服店）各社は当初、女性が男性社員のように長く勤めることを前提に採用した。ところが、当時の女性店員は一般的な会社勤めの家庭の女性、言い換えると、けっして富裕層ではないけれども、経済的に困窮しているわけでもない階層の出身者が多かった。働く必要性に迫られていたわけではなく、入店の動機としては、「社会勉強や花嫁修業のため」というものが中心だった。当時の風潮としては、女性が働くこと自体を蔑《べっ》視《し》する見方も根強かったようだ。

そのため、女性店員は短い勤務年数で退社することが一般的だった。そして、「男性店員ほどには専門的な知識を身につけることができない」と考えられていたこともあり、簡単な職務に配属されていた。

その後、呉服店から百貨店へと発展していく過程で、店頭における女性店員の丁寧な接客姿勢が徐々に評価され、また顧客からのニーズも高まり、女性店員はさまざまな売り場に用いられ始める。

こうした大正から昭和初期にかけての時期は、都市化の進展と社会の大衆化に伴い、女性の社会進出が増えていた背景がある。「職業婦人」と呼ばれる女性が活躍するようになっていた。

この時代背景を受けて、一九二〇年代以降になると、本格的に女性店員が増えていき、華やかな憧れの職業として人気を集めていった。そのころには、質の良い、洗練されたデザインの制服が支給されていたこともあり、若い人の間には、「身近なファッションリーダー」として女性店員を捉える感覚もあったようだ。

女学生にとって憧れだった「エレベーターガール」

百貨店の中には、憧れの存在として、当時世間からもっとも熱い視線を注がれていた職種があった。エレベーターガールだ。松坂屋上野店は一九二九年に、日本で初めてエレベーターガールを採用した。

松坂屋では、もともと男性がエレベーターを運転していた。当時のエレベーターは手動式で止め方が難しく、扉の開閉も手動で行っていた。ところが、松坂屋上野店は一九二三年の関東大震災の際に、建物全体が焼失。その後再建が進み、一九二九年に新しい本館が竣工した。

その際に、床面水平停止、自動開閉装置がついた最新のエレベーターを導入し、力の弱い女性でも簡単に操作ができるようになった。このタイミングで、エレベーターガールが登場した。当時は、「昇降機ガール」とも呼ばれていた。

このエレベーターガールは、大変評判となった。「昇降機ガールが日本にもできた。上野松坂屋の新館で初の試み、婦人職業の新進出」と、新聞にも取り上げられたほどだ。

エレベーターガールは、社内で希望者を募ったようだ。「女性店員の中から希望者を募ったところ、皆やりたいという者ばかりで、その中から適当な人を選び練習をさせたものの由」と、これも当時の新聞に書かれている。

評判になっているエレベーターガールを一目見ようと、全国から人々が集まった、とも言われる。「週末になると、噂のエレベーターガールがいるエレベーターの前に、長蛇の列ができた」というエピソードもあるくらいだった。

松坂屋はエレベーターガールのほかにも、顧客の送迎用バスの車掌として女性を採用した。また、ファッションモデル（当時は「マネキンガール」とも呼ばれていた）の採用などにも、他社に先駆けて踏み切った。さらに、一九二九年に、働く女性の標準的な洋服を紹介する「職業婦人洋装陳列会」を開催することで、職に就く女性のための洋服を洗練させていく啓蒙活動の一翼を担った。

エレベーターガールは、おしゃれな制服を着た華やかな職業というイメージで、当時の女性たちの憧れの的にもなった。こうして、女性店員は百貨店の「おもてなし」文化を象徴する、まさに百貨店の「顔」とも言える存在になっていったのである。

そのため、百貨店の女性店員は、多くの女子学生にとって就職希望の高い職業だった。都市における流行の最先端であり、あらたな消費文化を演出する百貨店の中で勤務することに対する憧れも強くなっていった。

その需要の高まりを受けて、一九三五年には良国民社より、女性店員になるための虎の巻『デパート女店員になる近道』が発行されている。百貨店の就職対策本まで出版されるほど、当時の女子学生にとって女性店員という職業は魅力的な職業の一つだったことがわかる。

一九二〇年代の後半以降、東京の百貨店は銀座や新宿といった地区にも進出するようになり、施設もさらなる大型化が進行していく。それにともなって、女性店員の比率も増加していった。谷内正往《たにうちまさゆき》・加藤諭《かとうさとし》による『日本の百貨店史』(日本経済評論社)には、全国的にまとまった百貨店店員の統計として、日本百貨店商業組合(当時)の調査による百貨店店員数の推移が掲載されている。

それによると、加盟百貨店五五店舗における一九三四年時点での全店員数は三万五〇六〇人で、そのうち女性店員の比率は四八・八％だった。これが一九三五年になると、全店員数四万七三六人のうち、女子店員の比率は五〇・四％と半数を超えた。そして、一九四〇年には、全店員数七万一三四二人のうち、女性店員の比率は五七％にまで上昇した。
女性店員の増加や現場での活躍が増えるにつれ、役職の地位に登用される女性も出てきた。『株式会社三越100年の記録』には、一九三一年のニュースとして、「デパートに勤める女店員の吉報 今迄どこにもなかった夫人の主任が三越で五名も一時に就任した」と題したコラムが掲載されている。当時の状況がよくわかる記述だけに、内容を紹介しておきたい。

三越では永い間、懸案であった営業部長配下の婦人主任がいよいよ実現して去る一日付けをもって、日本橋本店、銀座、新宿の各支店一斉に五名の婦人が突然昇進の発表をされて、二千数百名の女店員を驚かした、すなわち任命された婦人主任は古谷つる子、石井きさ、渡邊ます（以上、本店営業部長付き書記主任待遇）、そして中村さき（新宿）、樋野ますゑ（銀座）の二氏は各支店長付き書記主任待遇であって、昭和の今日この種の婦人待遇は官邸等では既に任命され、あえて珍しいことでもないが、何しろ旧来の伝統を破って英断的に婦人を相当重要視するまでには、今日まで幾回となく重役会の協議を重ねられてきたことで、各デパートなどにもいまだこの例がなく、各方面からこれが実績については相当重要視されている（原文の旧字など、一部文字を簡略化した）。

女性社員を役員登用する動きも

さらに時代が進むと、役員に登用されるケースも出てきた。髙島屋では、一九七九年に女性の取締役が誕生している。以下は、『おかげにて一八〇』の記述である。

女性の活躍というとまず思い浮かぶのが、東証一部上場企業として初の女性役員の石原一子である。東京女子大学、一橋大学を卒業した石原は1952年（昭和27年）に髙島屋に入社。婦人靴売場を皮切りに経営企画部、婦人セーター売場、家庭用品売場、ベビー用品売場等を経験、それぞれの部署で女性の視点を活かした品揃えや母親とこどもの立場にたった商品開発に取り組んでいく。1970

年には東京店営業第5部（こども服・事務雑貨）部長、77年には店次長（企画・宣伝・顧客担当）となり、79年に、取締役広報室長、2年後には常務取締役に昇進し大きな話題となった。石原の活躍は当時、髙島屋だけでなく社会で働く女性の目標であり支えでもあった。

少々長くなるが、『おかげにて一八〇』には、さらに女性の活躍に関する記述があるので、それも取り上げておきたい。

80年代に入ると、女性の力を活かすべく様々な制度や組織が生まれる。大阪店・京都店には「レディスアイ」、東京店では「レディスボード34」という女性チームが結成され、商品開発や催しの企画運営を行った。また東京店の外商第1部（法人外商）には課長以下女性6名の課が新設され、きめ細かな営業活動で実績を重ねていった。もともと髙島屋の人事制度は男女平等を基本としており、給与面でも能力開発においても同一であったが、1986年4月の「男女雇用機会均等法」施行に合わせて女性が働き続けることを支援する「女子再雇用制度」

「育児休職制度」が導入された。（中略）1991年（平成3年）には「育児勤務制度」「妊婦勤務制度」等も導入され、その後も制度の充実・強化が図られている。

花形だった百貨店の女性店員だが、時代の変化とともに百貨店の勢いが衰えてくると、それと連動するかのように、その魅力もかつてほどの輝きではなくなっていく。特に、一般女性の憧れの対象だったエレベーターガールは、機械の進化もあってフロアから姿を消していく。

発祥の地だった松坂屋上野店は、エレベーターガールの常駐を二〇〇六年四月にやめた。これは、ちょうど本館の改装に入るタイミングだった。改装後には、手動式だったエレベーターを自動式に変えたこともあり、二〇〇七年にはエレベーターガールを完全に廃止している。ただし現在も、イベントではたまに復活することがある。最近では、二〇一七年一一月に上野フロンティアタワーをオープンした際に、イベント的にデパートガールを復活させた。

現在も、エレベーターガールを常駐している店舗もある。高島屋の日本橋店である。この店舗の本館エレベーターは、蛇腹《じゃばら》式扉を今でも使用している。見かけは一九三二年から変わらないままで、中の機械だけ最新のものに入れ替えている。

このエレベーターには、「ご案内係」と呼ぶ女性店員が乗っている。彼女たちはエレベーターの案内だけでなく、受け付けや、ときには館内放送も担当するなど、複数の仕事をこなしているという(髙島屋広報によると、エレベーター操作を含む「ご案内係」には男性スタッフが従事することもある、とのこと)。

「お帳場」「外商」の制度によって富裕層を囲い込む

百貨店における「おもてなし」の実戦部隊として、女性店員が重要視されてきたことをこれまで述べた。

少子高齢化時代に突入している日本において、この「おもてなし」の精神は、小売企業が存続していくために必要不可欠な武器となる。人口が減っていく中で、新しい顧客を増やし続けることには限界がある。それよりも、サービスの向上、顧客満足度を高めることで、既存の顧客をどのようにして囲い込んでいくのかが、経営戦略として求められる。

百貨店が今後も顧客を囲い込むために、あらためて注目されているのが、「おもてなし」の精神を基盤にして特別なサービスを実施する、長く制度として運営してきた「お帳場制度」と「外商制度」である。

百貨店で「お帳場」と呼ばれるサービスは、富裕層や優良顧客に対して、手厚いサービスを提供するものだ。古くからの馴染みがある「超お得意様」と呼べるような大切な顧客には、特別に丁寧な対応をする、というのがお帳場制度の特徴だ。

外商制度とは、富裕層など優良顧客の自宅を訪れて、商品を提案し、販売を行うもの。百貨店での外商は広く一般には公開されていない制度で、特定の顧客だけを相手にする。これもお帳場の顧客に対して行うのが一般的だ。

百貨店の一般利用者は、こうした外商やお帳場の制度をほとんど認識することはない。逆に、一般の顧客が知らないところで手厚いサービスを受ける富裕層は、自分たちだけが優遇されていることを強く意識する。非常によくできた制度だ。

外商制度、そしてお帳場制度の原型ができたのは、江戸時代までさかのぼる。呉服屋の大店で取り入れていた販売手法で、掛売りと結びついた仕組みだった。

当時の呉服屋は一般的に、見本を持って得意先を回り、注文を取って歩く「見世物商い」を行っていた。また、超得意先である武家屋敷などに直接品物を持ち込む「屋敷売り」も手掛けていた。そういった優良顧客の支払いは、盆と暮れの二回だけという掛売り方式だった。

得意先には裕福な商家や大名、武士といった特権階級が多く、代金の回収に失敗することがまず考えにくいために定着したのであろう。基本的には、この仕組みが現在まで続く外商制度の原型となっている。

これまで何度か述べてきたが、当時の呉服屋は店頭で「座敷売り」を行っていた。来店した客の求めに応じて、店の奥から品物を四種、五種と取り出して見せて商売をしていた。同時に、先に書いた「見世物商い」や「屋敷売り」といった訪問型の商売も、早くから手掛けていたのである。

そこから三越の改革により、呉服店の店頭における販売手法ががらりと変わった一方で、呉服屋から百貨店へと生まれ変わる過程においても、外商制度はなくならなかった。優良な固定客に対しては、自宅に商品を持ち込む外商が行われ、あとで代金を回収する掛売りも引き継がれていった。

一九二三年の関東大震災後から昭和の初期にかけて不況期に入っても、百貨店は優良顧客への外商を続けた。店舗の売り上げにおける外商の売り上げは、常に一定割合を占めており、店頭販売が苦戦する中で、顧客を訪問して高額消費を取り込むことを怠るわけにはいかなかった。

地方都市への出張販売も継続した。三越は一八九八年から、全国各地に担当者が出向いて、店舗と同じ商品を販売する出張販売を始めた。不況期でもこれを続け、地方の需要を掘り起こしていった。

大丸は江戸時代には、三越が取り入れた現金販売を基本的には採用していたが、明治に入ってから掛売りの取引を全般的に復活させた。

そして、大丸は一九三九〜一九四五年の第二次世界大戦の前には、富裕層はもちろんのこと、会社員や官公庁の役人などにも「売掛票」を発行していた。この売掛票による取引は、第二次世界大戦中にいったん低調になるものの、戦後の一九五〇年あたりから回復した。一九五七年ごろには外商部も活気を取り戻し、得意先名簿を再び整備していった。この昭和初期のころには、大丸は掛売り販売を増やしていく。

さらに、一九五六年に百貨店法が成立、百貨店各社は出店規制などを受け、店頭販売の運営に関して手足を縛られたような状態になると、売り上げを拡大するためには、店頭販売だけではなく、外商部門の強化がより重要な意味を持つようになっていった。

こうして百貨店各社は一九五〇年代以降も外商部を継続し、業容拡大に向けて外商部のテコ入れを行った。それまで以上に、富裕層顧客と密接な関係を築くようになり、そのころには外商の売り上げは各百貨店の売り上げにおいて、一定のシェアを占めるようになる。

また、三越は、外商制度と表裏一体の関係にあるお帳場制度を創業期から脈々と受け継いできたが、これを一九五三年にシステム化し、帳場票と顧客名簿とによる「個人売掛制度」をあらたに設けた。帳場扱者、記号、番号の定められた帳場票を発行し、顧客が商品を買い上げた時点で、顧客名簿と照合した。これは一九六〇年代以降に広まる、クレジットカードの前身のような仕組みだった。

お帳場のサービスを提供する富裕層の顧客に、売り場でも同じように接することができる仕組みを整えることで、優良顧客のいっそうの囲い込みを図ったのである。

この「個人売掛制度」は一九六〇年に、三井銀行、第一銀行との提携により発足した新しいクレジットシステム「帳場票による売掛制度」として発展。翌一九六一年には、住友、北海道拓殖、神戸、七十七と、全国に提携銀行が拡大した。三越のこの売掛制度は、創業以来受け継いできた帳場制度と、銀行の信用保証を組み合わせた独自の方式だった。顧客は銀行の買い物預金（一口一〇万円、五万円）をすることによって、三越の帳場顧客として、手厚いサービスを受けることができた。

優良顧客との関係構築のために施す工夫

お帳場の営業に一段と拍車がかかるのは、一九七一年のころだ。担当売り場以外での売り上げを社員の評価に組み入れたためだ。

ただ、この評価制度は一部でスタンドプレーも生んだようだ。一部の社員は、自分が担当する得意客が来店すると、持ち場を離れて店内の案内係を務めた。例えば、持ち場が服売り場であっても、顧客が宝石を求めれば宝石売り場を案内した。顧客の自宅に足しげく通い、懐《ふところ》に食い込んで商品を売った。

こういった店員の個人プレーに頼った営業制度には、限界も見え始めた。「日経産業新聞」の二〇〇一年六月一三日号で「三越、お帳場に決別」と題された記事には、次のような記述がある。

(三越は)八〇年代後半から減量経営を狙って売り場担当者の大幅な削減に踏み切る。日本橋本店では二千八百人いた店員が、九〇年代初頭には半分程度にまで減少。多くのベテラン社員が現場を去り、実質的なお帳場制度の空洞化が進んだ。

店頭の人員に余裕があるときは、一部の社員がスタンドプレーをしても、全体の運営に大きな支障をきたすことはなかったかもしれない。だが、人員が減ってくると、自分たちが与えられた持ち場を離れると、それをカバーする人員がいなくなるので、簡単に離れることができなくなる。そして、経験豊富なベテラン社員が定年退職していったことで、強固だったお帳場のシステムが、徐々に弱体化していったというわけだ。

一方で、一九八五年以降のバブル経済への突入にともない、百貨店は外商の拠点づくりを積極化し、出張所を多数開設している。これらの拠点は、事務所機能からギフトショップなど商品販売機能を持つものへと変化し、郊外の顧客開拓により売上拡大に寄与することになる。

今でも百貨店にとって、外商の売上比率は低くない。高額の商品が多く取引されているので、店舗全体の売上高を底支えする位置にある。日本百貨店協会が公表している全売上高に占める外商の売上高（出張販売や催し物での販売を含む）比率の推移を見ると、二〇〇〇六年には都市部店舗（一四店舗）で一四・三％、地方店舗（一六店舗）で一〇・五％だった。その後も基本的には同じような水準を維持しており、二〇一六年には都市部店舗で一三・五％、地方店舗で一〇・九％と、やはり一割以上のウエイトを占めている。

優良な外商の顧客をつなぎとめるためには、これまで繰り返し述べてきたように、手厚いサービスの提供が欠かせない。そういった意味で、外商員は自宅訪問での販売だけではなく、店舗やホテルなどで行う展示会や催し物といったイベントを、自分たちの顧客に積極的に案内していった。

例えば、絵画の展示会が店頭で行われる際には、事前に目録を確認し、その絵画に興味を持っていそうな外商顧客を優先的に案内し、さらには優先販売もする。店頭に外商顧客が訪れた際にも、特に重要な顧客である場合には店内を案内し、その購買を補助する。

同時に、新規の顧客開拓もまた、外商にとっては重要な活動となる。購買履歴などを基に優良顧客を選別し、積極的にアプローチすることもあるが、比較的確実性が高いのは、既存の外商顧客からの紹介だという。富裕層は富裕層の間でネットワークを形成しており、このネットワークへのアプローチに際しては、百貨店と顧客の関係だけでなく、顧客同士の関係も見逃してはならないというわけだ。

外商制度が現在も脈々と続く一方で、お帳場制度については先ほど、一九八〇年代後半から一九九〇年代初頭にかけて「徐々に弱体化」したと書いたが、この制度は現在も形を変えて残っている。

例えば、三越は「お帳場カード」と呼ばれるクレジットカードを発行して、買い物金額に応じて五～一〇％割引を実施する。売り場では、専任スタッフが顧客の買い物に付き添い、相談に応じることもある。さらに、お帳場カードの会員は、店舗内の専用ラウンジも利用できる。売り場での買い物の際には、このようなさまざまなサービスが受けることができるようになっている。

百貨店は誕生した当初から、富裕層を中心に商品やサービスを提供してきたが、品揃え拡張や施設の多機能化を進めて、家族層などより多くの人を呼び込むようになっていった。しかし、顧客層を広げることにばかり力を入れすぎて、既存の富裕層顧客にソッポを向かれてしまっては元も子もない。

そのため、優良顧客との関係構築のために、いくつかの工夫を施した。その典型が、外商やお帳場の仕組みだった。特定の富裕層の顧客をお帳場などの名称で特別扱いして、普通の顧客とは別格のサービスを提供する。ただ、そうした特別扱いの存在を、店の中で一般の消費者には気づかれないような配慮をする。これがお帳場制度や外商制度の特徴だったのだ。

販路拡大としての「通信販売」「地方出張」

お帳場や外商のサービスは、都心部の人々にだけ提供されたのではない。三越はかなり早い段階から地方消費者の囲い込みにも力点を置いていた。そのうえで、運営を強化していったのが「通信販売」や「地方出張販売」である。

三越では一八九〇年代後半に、通信販売を開始している。満薗勇《みつぞのいさむ》が二〇〇九年六月に発表した『経営史学』における「戦前期日本における大都市呉服系百貨店の通信販売」という論文の中で、当時の様子について詳しいことが綴られている。この論文を整理すると、次のようになる。

「一八九四年（明治二七年）、大阪支店が高麗橋三丁目に移転した際の案内状に、通信販売の言及があった。東京・日本橋の本店では、一八九六年の地方向けポスターにより、少なくともこの時点では、通信販売を行っていたことがわかる。

三越はその後、地方係という名称で、通信販売を担当する部門を設置し、一八九九年一月にPR誌『花ごろも』を発行、同年一〇月には通信販売を担当する『外売通信係』を設置した。

翌一九〇〇年には、その外売通信係を地方係に改称して、事業規模を拡張。さらに、一九〇三年に企業PR誌とカタログを兼ねた月刊誌『時好』を刊行して、本格的に通信販売を展開していった。

高島屋でも、京都店に『地方係』を一八九九年五月に設置した。通信部門の設置という点では、三越よりも早かった。ただ、高島屋の場合も、通信販売そのものは部門の設置に先立って行われている。実際に通信販売を始めたのは三越なのか、高島屋なのかは、確定できない。その後、一九〇二年になると、月刊雑誌『新衣裳』を創刊した」

もう少し詳しく、通信販売と地方出張の歴史を見ていこう。

三越では、まず一八九八年一〇月に、大阪支店が馬関、小倉、若松、直方、博多で地方出張販売を試みた。次いで、一九〇〇年四月に、日本橋の本店が新潟、長岡で本格的な大規模出張販売を行った。それ以降、春秋の二回、本店は信越から東北、北海道まで、大阪支店は四国、九州の各都市で行商を行うのが恒例となった。

同時期に、全国に三越（当時は三井呉服店）の知名度を広める目的で、斬新なポスターを打ち出す。一八九九年、東京・新橋の名妓をモデルにした等身大の肉筆美人画を店名入りで、新橋駅待合室に掲示した。これは「日本で初めての絵看板」と言われている。

同年の冬には大阪の梅田駅、翌年には東海道、中国、四国、九州の主要三九駅に美人画ポスターを掲げた。地方出張販売の本格化と軌を一にして展開したことで、三井呉服店の名前を広げることに大きく貢献した。

同じく、三越は一八九九年に、「外売通信係」を新設した。翌年にはこれを「地方係」と改称して通信販売の体制を整えた。地方への出張販売や全国主要駅の美人画ポスターなどにより、三井呉服店の名前が全国に広がるにつれ、地方からの注文が増加し始めていたのだ。

地方係には、ベテランの店員を配置。色彩、柄、サイズなど顧客の要望に沿った商品を選び、発送にも手違いのないように細心の注意を払ったようだ。やがて、この仕組みが発展して、通信販売部となる。

大正から昭和の初期に入ると、通信販売は全盛期を迎える。三越は三井呉服店の時代から出張販売を行い、全国各地に固定客を増やしたことは先にふれたが、こうした地方の顧客に向けて「地方御注文の栞《しおり》」を配布し、手紙による注文を受け付けたことで、通信販売が本格化したとされる。

こういった組織的な取り組みが奏功し、通信販売事業は一気に加速した。一九一五年ごろには、全社員一五〇〇名のうち一五〇名が通販事業に携わっていた。

一九一一年には、「電話販売係」を新設している。電話注文による販売は以前から行っていたが、需要の高まりを受けて専門部隊をつくった。商品の注文を受けるための専用電話を従来の倍の二四本に増やすとともに、熟練の交換手を手配し、配達体制も整備して、電話販売への取り組みを強化していった。同様に、髙島屋では、一八九九年に「地方係」と称した通信部が誕生している。

このように、各店ともに一八九〇年代半ばから一九〇〇年代までに、通販事業を開始した。背景には、郵便制度が整備されていったことがある。一八七一年に郵便制度が始まり、その二年後には全国一律の料金制度が導入され、一八九二年には小包郵便の取り扱いも始まった。郵便広告や物流インフラが生まれたことで、通販は新しい販路として成長していった。

この時期は、呉服店が百貨店化につながる経営改革に着手していた時期にもあたる。三越では、百貨店化に向けた積極的な経営展開を進めていく過程で、通販事業が呉服、雑貨に並ぶ主要部門の一つに位置付けられ、その将来性に大きな期待を寄せた。他の百貨店でも、通信販売は本格的な地方進出を可能にする販売チャネルとして、同様の期待があったようだ。

髙島屋の通信事業はその後、戦争で中断したが、一九五一年に大阪の外商部に通信販売課を置き、一九五五年に正式に通信販売部を東京に設置した。一九六六年には、日本で電話加入者が増え、「テレフォンサービスセール」として電話で注文をとるシステムもつくった。

また、テレビの普及は、髙島屋の通信販売の拡大に拍車をかけた。一九七一年、東京12チャンネル（現・テレビ東京）の番組「こんにちは！ 奥さん2時です」の中で、商品を紹介して購入希望者を募る、というコーナーが髙島屋の持ち込み企画によって実現した。その後、各局のニュースショー枠内で争うように百貨店の企画が持ち込まれた。こうして、高度経済成長の波に乗り、通信販売はみるみる躍進した。髙島屋の通信販売部は、一九七四年に年商一〇〇億円の大台を超えている。

髙島屋は一九九七年には、いち早くデジタルマーケットの広がりを予測し、ＥＣを手掛ける「バーチャルモール運営部」を設立、二〇〇九年に通信販売事業部は別組織だったオンライン事業部と統合し、「クロスメディア事業部」として現在も稼働している。

小売業界でも進むEC化の波

これまで変遷を見てきた通信販売は、昨今勢いを増しているECの前身となった。現在、小売業界全体でEC化、デジタル化が促進されている。その中で、百貨店はEC化が遅れているとたびたび指摘されてきた。しかし実は、百貨店はスーパーやショッピングセンターが誕生するもっと前から、ECの前身となる通信販売を手掛けていたのである。一章で述べた、モノを売らない店の登場が物語るように、ECとリアル店舗をどのように結びつけていくのかといった課題は、現在、百貨店だけでなく小売業界全体に突きつけられている。

百貨店や専門店の主力であった衣料・ファッション商品は従来、店頭で販売されることが一般的だった。消費者が衣料品を買う際は、サイズや色合い、着心地などを実際に触って確認して選ぶ。そのため、衣料品とECとの親和性は低い、と見られていた。

しかし、最近は情報技術が発達し、画像データや口コミを利用した説明など、情報伝達の手段が豊富になった。二〇〇四年に運営を開始したファッションECサイト「ZOZOTOWN」は、感度の高い若い女性層に支持され、急速に勢いを伸ばした。ECサイト上のショッピングモールに、積極的に出店するアパレル企業も増えてきた。

こういった状況を受け、小売各社も販売のデジタル化に乗り出している。

GMS最大手のイオンは、二〇二〇年に向けた中期経営計画において、「デジタルシフト」を目標の一つに掲げる。農林水産省のデータなどを基にしたアクセンチュアの推計によると、二〇一六年の食品のEC比率は、イギリスが五・五%、フランスが三・八%に対し、日本は一・九%と非常に低い。この状況では消費者の需要変化に対応できないと考えたイオンは、ネットスーパーを進化させるなど、デジタル対応を鮮明にしていく方針だ。

イオンはIT・デジタル・物流などに、二〇一七年までの過去三年間で二〇〇〇億円投資してきたが、二〇一八年度から二〇二〇年度までの三年間については、五〇〇〇億円の投資を計画する。二〇一九年四月には、中国・杭州市にデジタル技術の開発を加速するための新拠点を設立。AI（人工知能）技術のリアル店舗への導入やスマートフォンアプリの独自開発を進める。

イオンはさらに、二〇一九年一一月にイギリスのネット専業スーパーであるオカドグループとの提携を発表した。二〇二三年までに、日本にネットスーパー専用の倉庫を設立し、オカドのAIを駆使した物流システムを導入して、ネットスーパー事業を加速する狙いだ。

デジタルによる顧客管理の徹底「コンシェルジュサービス」

百貨店にとってB2C（企業と個人消費者との取引）のビジネスモデルは、得意な分野であったはずだ。優良顧客に最上のサービスを提供して食い込みを図る、お帳場制度や外商制度はその典型だ。

百貨店が誕生して一〇〇年以上が経過した現在は、ECの台頭や消費者行動の多様化に翻弄《ほんろう》され、百貨店各社は売り上げが右肩下がりの苦しい状況が続く。ただ、この苦境下でも、従来の強みだった富裕層の囲い込みを、デジタル技術の活用により独自に進化させて、生き残りを図ろうとする動きもある。

お帳場・外商制度、通信販売、地方出張販売など、「おもてなし」を基盤とする顧客の囲い込みビジネスを、デジタル技術と融合したような新たな取り組みを打ち出している百貨店の店舗がある。

ほかならぬ、お帳場ビジネスそのものを生み出した、日本橋の三越本店である。

二〇一八年一〇月、三越伊勢丹ホールディングスは日本橋三越本店を大幅にリニューアルした。「白く輝く森」をテーマにした建築家・隈研吾《くまけんご》のデザインにより、白を強調したクリーンな内装に変えた。従来の店舗とは一線を画すような、近代的な雰囲気が漂う。この店舗改装と同じタイミングで、新しい制度として導入したのが、「真のおもてなし」を追求した「コンシェルジュサービス」だ。

コンシェルジュサービスとは、豊富な経験と専門知識を持ったスタッフを「コンシェルジュ」や「ガイド」として、各フロアに新たに配置し、その各カテゴリーのコンシェルジュたちが連携し、顧客が求める買い物を個別にサポートするという仕組みだ。

日本橋三越本店の一階、中央ホールには、新サービスの拠点となる「レセプション」を新設。常駐するガイドが立ち寄った顧客のニーズに合わせて各フロアに案内し、各階の「パーソナルショッピングデスク」でコンシェルジュが顧客を迎える。コンシェルジュは「フード」「メンズ」「レディス」「きもの」「リビング」「アート」「ジュエリー&ウォッチ」の七カテゴリーに分かれ、約九〇人で構成されている。

コンシェルジュサービスは、「専門のスタッフが顧客を手厚くもてなす」という内容なのだが、以上の説明からすると、何だが仰々《ぎょうぎょう》しく顧客を迎え、大名行列をするかのように顧客を案内する仕組みのように思えるかもしれない。そうではなく、この制度のミソは、同時に顧客管理を「デジタル技術で一元化」したことにある。

顧客は三越伊勢丹ホールディングスが展開するＷＥＢサービスを使って、来店前に自分のことを知ってくれているコンシェルジュを予約することができる。たとえ、予約をしなくても心配はない。店舗側では、顧客の購買履歴や趣味・趣向などをデータ化していて、それを「コンシェルジュ」や「ガイド」が情報共有している。つまり、担当のコンシェルジュが不在の場合でも、顧客のニーズを把握した接待、サービスを柔軟に提供することができるようになったのだ。

この仕組みを、三越伊勢丹ホールディングス・杉江《すぎえ》俊彦《としひこ》社長の言葉を借りて説明すると、創業三四六年の長い歴史で培われた接客力と顧客基盤、そして現代のデジタル技術を掛け合わせた〈シームレスなサービス〉というわけである。

杉江社長は二〇一九年一一月に実施した東洋経済のインタビューで、次のように話している。

お客さんの接待をした記録を全部残して、お客さんがどんなものを買ったのかもすべて記録しておく。そうしてデータベース化したものを持っておけば、そのお客さんと過去にどのような会話をしたのか、家族構成がどうなのかなどを情報共有することができる。となると、仮に担当のコンシェルジュがいなくても、レベルの高い接待ができるはずだ。

ある一定レベルのお客さんは、データベースを整えて、どこのフロアに移動されてもきちんと対応できる仕組みをつくりたかった。「百貨店は広すぎて、どこで何を買っていいかわからない」、というお客さんもたくさんいるはず。その方たちの話を親身に聞いて、付き添って、買い物をサポートする。

百貨店は五〇年ぐらい前までは、すべて自社の社員で売り場を運営していた。それが今では、自社で運営するのは二～三割程度。残りは、ブランドがテナントとして入っている。そこはブランドの販売員は、当然のように自分たちのブランドを薦めるだろう。そうではなくて、本当にその方に似合うものをわれわれが見つけ出して、「これはどうですか」と提案することが大事だと思っている。人の力だけではなくて、デジタルでお客さんの情報を共有しながら、レベルの高い接客を目指していきたい。

このコンシェルジュ制度が象徴するように、三越伊勢丹ホールディングスはデジタルとリアル店舗サービスを融合する施策を次々と打ち出している。二〇一九年度から二〇二一年度までの三年間で七一〇億円を投じ、デジタル化や店舗の大幅改装を実施する計画だ。日本橋三越本店だけでなく、他の店舗でも顧客の好みや購買履歴などをデジタルで管理し、きめ細かい提案ができるようにする。また、スマートフォンを使って、顧客と販売員がチャットなどで直接やりとりし、情報交換ができるようにもなる。

「EC」と「リアル店舗」の強化策

三越伊勢丹ホールディングスは、ECサイトも二〇二〇年春に刷新。ECの商品数を、現在の約三倍となる二〇〇万種類に増やす方針だ。旗艦店などで取り扱う化粧品や衣料品など、すべての商品を取り扱えるように整備している。地方店でも同様のサービスを提供できるようにして、基幹店と地方店との競争力の差を埋める。

商品情報の一元化やECサイトの拡充に向け、伊勢丹新宿店に隣接するパークシティイセタンの一、二階を改装し、「ささげ」（商品をECサイトに掲載するための撮影、採寸、原稿書き作業のこと）用の施設「イセタン スタジオ」として稼働している。現在、イセタンスタジオには約一二〇人のスタッフが常駐し、商品情報の整備に尽力している。

また、複数に分散していたスマートフォンアプリを統合する。三越と伊勢丹で分かれていた会員アプリに加え、店舗情報も共有するアプリに、二〇二〇年四月にまとめる。アプリを統合することで、顧客は同社のECを利用しやすくなるだけでなく、店舗でのお薦め商品や文化催事などのイベント情報も確認できるようになる。

システム・基本情報の整備と同時に、新サービスの展開も打ち出した。二〇一九年二月には、化粧品専用のWEBサイト「ミーコ」をスタートした。モデルを活用したビジュアルイメージを掲載し、消費者はそのイメージを基に商品を検索することができる。商品の発売日と予約開始日がわかるカレンダー機能や、メイク・シミュレーション機能も備える。高価格帯の化粧品でなく、比較的価格帯の安い商品も扱うことで間口を広げ、若い層や地方顧客の開拓を狙う。

二〇一九年秋には、「ドローブ」と名付けた新サービスを開始した。チャットでスタイリストと会話し、それを基に消費者に合ったファッションを届ける。自宅で商品を試着してもらって、気に入らなければ返品してもらう仕組みだ。

ほぼ同時期に、紳士向けのカスタムオーダーサイトも立ち上げた。こちらも、チャットや写真データなどを使ってWEB上で商品の注文・購入手続きが完結する。まずはワイシャツからサービスの取り扱いを始めた。

ＥＣの整備などで地方店の競争力の底上げを図る一方で、訪日客や富裕層の来店が見込める伊勢丹新宿店、銀座三越、日本橋三越本店の三基幹店については、需要が底堅い化粧品や宝飾などのフロアを拡張する。二〇二〇年の三月に、これら三基幹店の大幅改装をいったん完了した。

このように、三越伊勢丹ホールディングスは、デジタル化とリアル店舗を同時に強化することを成長戦略に掲げる算段だ。むしろ杉江社長は、デジタル化投資については成長戦略ではなく、「生き残り戦略だ」と強調する。

お客様のニーズが変化している中で、デジタル化は成長事業というよりも、生き残り戦略。そこにいかないと淘汰される、未来がない。これはマスト。逆にいうと、われわれには大きなチャンスだと思っている。今までは、店にバイヤーが世界から買い付けてきた良いモノを置いても、どのように素晴らしいモノなのかをお客さんに伝える手段がなかった。例えば、美術画廊で取り扱う美術品はほとんどが同じ商品がほかには存在しない「一点もの」で、広告チラシなどに掲載することができず、多くのお客さんに紹介できなかった。今では、画廊からこの美術品がどのような商品なのかをデジタル配信して、多くの方に情報を伝えることができる。お客さんもSNSなどで情報を拡散してくれる。

もうひとつは、今までは外商部がお客さんとワンツーワンの関係を築いてきた。ただ、この仕組みだと限界がある。外商の担当者が持てるお客さんの数は、限られる。そのため、ワンツーワンで対応できる人数は、外商部の人数と比例してしまう。たくさんのお客さんと関係を持つためには、外商部の要員を増やさないといけない。そうすると、コストに見合わなくなる。

ところが、これから展開していくデジタル化で、お客さんにアプリを使っていただくことで、そのアプリを通じてお客さんとつながりを持つことができる。デジタルの力を借りて、かなりの人数のお客さんとワンツーワンのような関係を構築していけるようになる。

マス・マーケティングから「カスタマイゼーション」へ

高島屋もまた、最近ではEC事業にネット専門バイヤー六人を配置し、独自商品の開発を強化している。米子タカシマヤの「大山ハム」など、国内一七店舗で扱っているご当地商品も訴求する。おせち料理など、自宅用の需要を狙った商品も拡充している。

消費者の購買行動が以前とは様変わりしている中で、百貨店はEC対応に遅れていることが指摘されてきた。ただ、限られたリソースの中で、商品管理の精度を徐々に上げ、若年層などの新しい顧客層にアプローチをする、あるいは得意分野に絞った商品展開に注力するといった着実な取り組みも出始めている。百貨店ならではの独自性を打ち出せれば、EC分野で失地回復することは不可能ではないかもしれない。

売り場でのおもてなしと、ネット機能やスマホアプリなどのデジタル技術を融合して展開することで、一人ひとりの顧客のニーズを聞きながら、要望に応えていく。この髙島屋や三越伊勢丹ホールディングスの新たな取り組みは、顧客一人ひとりの状況や需要に寄り添う「カスタマイゼーション」システムの確立に向けた動き、と捉えることができる。

デジタル技術が隆盛を誇る昨今、販売の世界は、従来の大量供給・大量消費を前提としたマス・マーケティングの考えから、顧客の要望に応じて仕様変更を行うカスタマイゼーションを重視する姿勢に変化しつつある。

このカスタマイゼーションを得意とするのが、ECの巨人、米アマゾンである。顧客の購買履歴や閲覧履歴に基づいて商品提案する手法などを駆使し、業容を拡大してきた。

配送の迅速な手配や、映画見放題や音楽聞き放題などのさまざまなサービスを提供することで、優良顧客を囲い込んできた。そして、デジタル技術をフル活用し、書籍、家電、玩具などの分野で大手チェーンや企業を駆逐《くちく》してきた。

もはや日本の小売企業全般に、アマゾンの脅威《きょうい》は押し寄せている。「長年構築してきた顧客基盤がある」「高級な良い商品を扱っている」、だから「百貨店は大丈夫だ」と自らを安心させるような論理を使って、アマゾンエフェクトの波から目をそらしてきた百貨店業界も、無策では到底太刀打ちできないだろう。

そういった意味で、従来の得意分野であった「モノを売る」「流行をつくりだす」「サービスを提供する」、こういった機能をデジタル化によって融合する新たな取り組みは、百貨店が生き残るために必須となるのかもしれない。

終章　かつての「小売の王様」はどこへ向かうのか

データの推移から振り返る百貨店

最終章である本章では、いったん時系列に整理して、百貨店の変遷をあらためて確認したい。そのうえで現在、地方・郊外型店舗の閉鎖が相次ぎ、売り上げが右肩下がりの状態にある百貨店業界の「今後」について、複数の道筋を検証する。

まずは、百貨店の規模の推移をデータ面から見てみよう。各社の業績など過去の数字については、古いものはあまり残っていない。だが、幸い三越の社史『株式会社三越100年の記録』に、三越が一九〇四年に株式会社化してからの業績や資本金など、古いデータが掲載されている。ここから数値面の変遷を辿っていこう。

デパートメントストア宣言をした一九〇五年（明治三八年）時点では、三越は売上高（商品売買益）五・三七億円、純利益一・一四億円だった。それが一九一二年（大正元年）には、売上高二〇・九四億円、純利益五・六億円に膨らむ。さらに一九二六年（昭和元年）には、売上高一一九・四五億円、純利益二九・四二億円へと急増する。ここまで元号が変わる節目ごとに、売上高、純利益ともにおよそ四、五倍のペースで伸長したことがわかる(03)。

ちなみに、こういった売上高などの数値を見る場合は、物価の変動や給与水準の変動も考慮に入れなければ、実態を見失うことになる。あくまで参考値として、週刊朝日編の

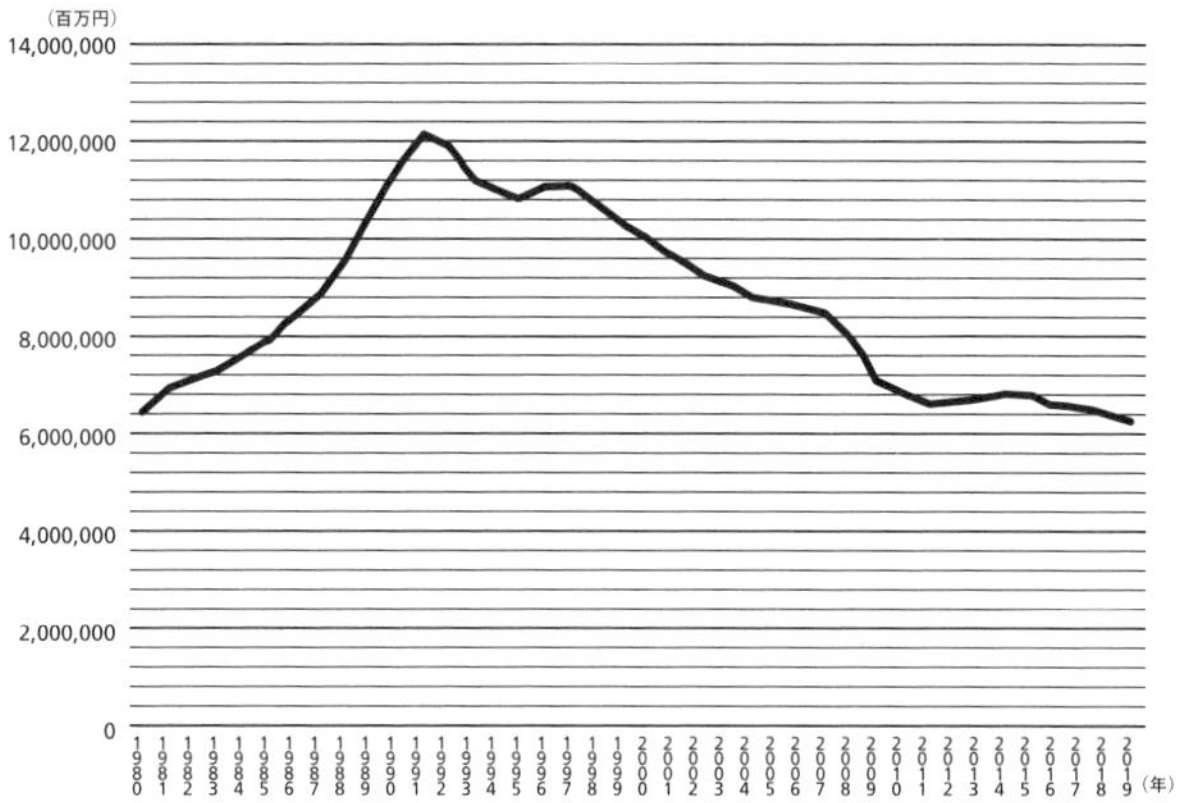

百貨店「販売額」の推移(1980〜2019年)

※経済産業省「商業動態統計」より作成

『値段史年表 明治大正昭和』から、「公務員の初任給（昭和二一年まで高等文官試験に合格した高等官、以後は国家公務員上級試験に合格した大学卒が対象）」を見てみよう。

それによると、一八九四年（明治二七年）には五〇円、一九一八年（大正七年）には七〇円だった。これが昭和に入ると、一九四六年（昭和二一年）に五四〇円になっている。三越の売上高、純利益の伸びは、少なくとも昭和の前半までは、公務員の初任給で見る所得水準の伸び率を上回っていたことがわかる。

さて、三越の売上高が一〇〇〇億円を突破するのは、一九六七年（昭和四二年）のことだ。日本は高度経済成長期に突入し、大量生産・大量購買の時代を迎えていた。百貨店各社は、ファッションアパレルとの二人三脚により「消化仕入れ」という委託販売を進化させた大量陳列・販売を可能にする仕組みを構築することで、爆発的とも言える消費意欲を取り込んでいった。三越は一九六七年に、売上高一〇四四・五八億円、純利益三一・三八億円を計上、昭和元年からのおよそ四〇年で、売上高は一〇倍近くになったのである。

そして、一九八九年（平成元年）。バブル景気に沸いていたこのころは、日本経済にとってもっとも輝かしい時期が続いていた。人々は消費意欲にあふれており、三越もその恩恵を受け、一九八九年に売上高七八七八・五七億円、純利益六八・〇五億円を計上している。この平成元年からの二〜三年あたりが、売上高、純利益ともに三越の業績のピークとなる。その後、バブル崩壊とともに、三越の売上高も下降線を辿ることになる。

同様に、資本金の推移を見ると、一九〇四年は五〇万円に過ぎなかったが、一九一七年には四〇〇〇万円に、一九三一年には三〇〇〇万円に、そして一九八九年には三〇四・一〇億円へと、まさに桁違いで増えていった。

三越の従業員の数も振り返ってみよう。一九〇五年には三二三人しかいなかった。しかし、一九一二年には一八一二人、一九二六年には四九〇三人に膨れ上がる。一九七五年には、歴代ピークの一万四四一六人が在籍した。

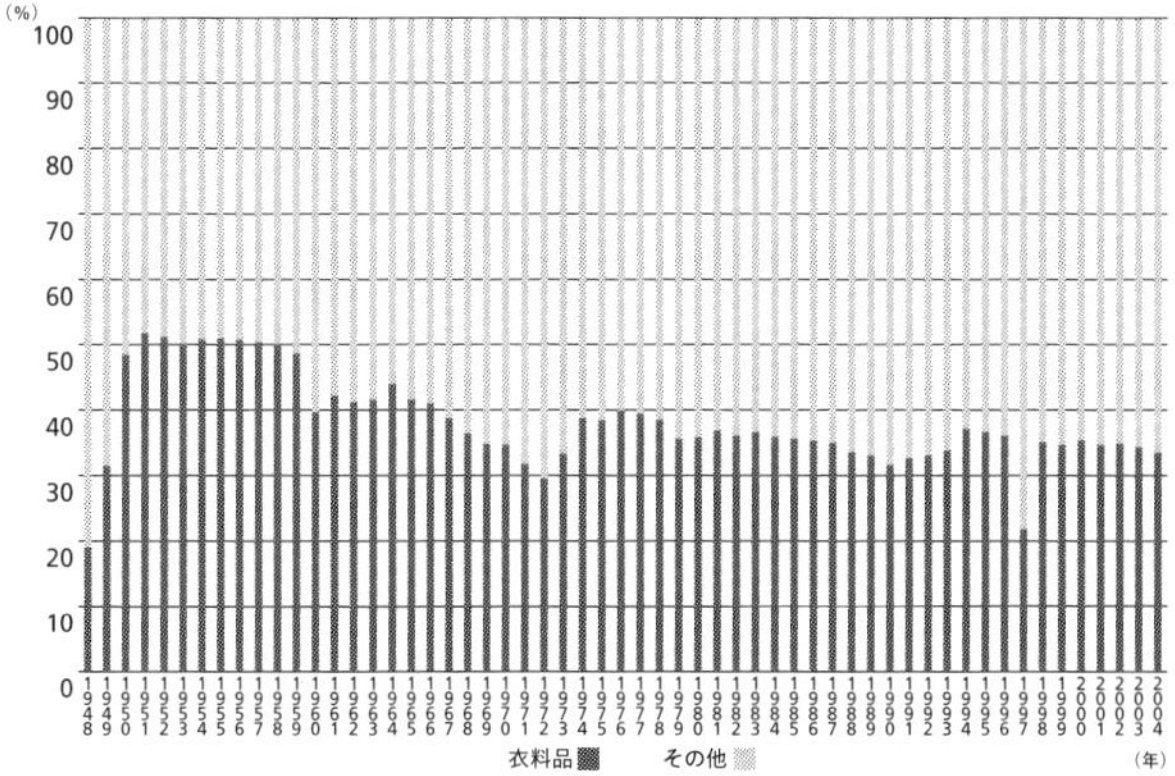

三越の売上商品構成における「衣料品」比率の推移（1948〜2004年）

※『株式会社三越100年の記録』より作成

※2000年度以降は、連結決算の売上高

さすがにこのときは従業員のダブつきが気になったのか、その後は採用人数と定年退職人数のバランスを考慮しながら、徐々に数を減らしていく。一九八九年には一万一一八三人の従業員数となっている。

三越の過去データで、より興味深いのは商品構成の推移だ。時期によって区分がやや異なるが、データが残っている昭和半ばからの商品別売上高を見ると、一九四八年度では衣料品一九％、雑貨・図書二六％、化粧品・薬品七・三％、家具家庭用品・美術品一八・八％、食料品・食堂二五％と、このころはそれほど衣料品の構成比率は高くなかったことがわかる。

その後、構成は変化していき、例えば一九

五三年度のデータをピックアップすると、衣料品五〇%、雑貨・図書一二・一%、化粧品・薬品三・五%、家具家庭用品・美術品など一三・七%、食料品・食堂一四・四%と、商品の主軸は衣料品で、半分を占めるようになった。

これが近年になると、また違う構成比を見せる。二〇〇四年のデータは、衣料品三三・七%、雑貨一六・三%、家庭用品六・四%、食料品・食堂二七・四%。衣料品は再び過半を割ってしまい、代わって食料品や食堂の売上構成比が衣料品と同程度の割合になった。

高度経済成長と「総合スーパー」の台頭

次に、戦後の小売業界全体の流れから、百貨店の立ち位置を振り返っていこう。一九六〇年代には、新しい大型小売店が登場する。代表的な業態がスーパーマーケットで、最寄り品をセルフサービス方式で安く売り、画一的なオペレーションを展開するチェーンストア方式を採用して、全国的に店舗網を広げていった。

スーパー業態は、扱う商品が食品や日用品などで地域密着性が高く、百貨店よりも狭い商圏で店舗が成立する。百貨店法に縛られない、比較的狭い面積での営業が可能だった。

このころ、年代にすると一九五六〜七〇年にかけての期間は、経済企画庁の経済白書に

「もはや戦後ではない」と記述されたように、経済発展による大衆消費社会が到来した時期だった。一九六五年からいざなぎ景気が始まり、一九六六年には日本の人口が一億人を突破した。一九六八年には、ＧＮＰ（国民総生産）が資本主義圏で第二位に躍り出た。

この好景気の波に乗って、百貨店のライバルとなるスーパーマーケット・チェーンが次々と誕生する。

一九五七年四月には、主婦の店ダイエーが創業した。「安く仕入れて安く売る」をモットーに、定価より安く売る、いわばそれまでの価格破壊を目指したスーパーマーケットだった。

この年の九月に大阪・千林駅前に一号店をオープン。経費節約のためのセルフサービスや一斗缶を並べての菓子の計り売りが話題を呼んだ。これが後に、食品を一括して仕入れて店でパック詰めして売る、スーパーとしては今では当たり前の方式の原型となった。

ダイエーはその後、一九六〇～六一年にかけて店舗を急拡大する。一九六二年になると、西宮に本部兼配送センターをつくってチェーンのシステム化に乗り出し、急成長を遂げる。

ダイエーが創業した翌一九五八年には、ヨーカ堂（後のイトーヨーカ堂）が創立した。ヨーカ堂の前身は、一九二〇年創業の東京台東区浅草の「羊華堂洋品店」である。ヨーカ堂創業者の伊藤雅俊は、一九六一年に欧米視察団に参加し、「チェーンストアによるスーパー経営が、顧客の欲求にもっとも即応した小売業のあり方」という経営哲学をつかむ。帰国後、チェーンストア方式を採用したスーパーストア形態の営業を本格化する。「喜ばれる商品をより安く」をモットーにしたヨーカ堂は、チェーンストア化と同時に、衣料品に加えて加工食品、家庭用品などの販売も開始。日常使いの幅広い商品を扱うことで、事業を広げていった。

一九六三年四月には、西友ストアーが誕生する。当時の目を見張るような経済成長は、人口の都市集中現象を引き起こした。そして、新興住宅地には商業施設が不足していた。東京の池袋と新宿から埼玉方面へ伸びる西武線沿線の住宅地も、その中の一つだった。そこで、池袋にターミナルデパートとして構えていた西武百貨店は、一事業部門だった西武ストアーを一九六三年四月に西友ストアーと改称し、スーパーマーケット・チェーンとしての運営を始めた。

西友は「セルフ・サービス・ディスカウント・ストア」を標榜。顧客が欲しいものをレジまで運ぶ形式で、店の従業員はその手間を省くことができる。その作業負担がない分だけディスカウントするという仕組みだ。東京・高田馬場にオープンした西友ストアーが、この方式を関東で初めて採用した。西日本でも、ダイエーがこの方式を取り入れており、この形式は全国に広がっていく。ダイエーやイトーヨーカ堂とともに、西友もまた、現在のスーパーマーケットの原型となる営業手法を早くから取り入れていたのである。

一九六六年には、日本の乗用車生産台数が初めてトラック・バスを抜き、乗用車の保有台数は全自動車台数の三〇％を超えた。この後、輸送用でしかなかった自動車が、個人の嗜好品へと変わっていく。生活におけるステータスシンボルが、自家用車になっていったのだ。

「郊外」という立地と「ショッピングセンター」の隆盛

マイカーブームとともに郊外に新興住宅地が増え出し、そういった新しい人口流入地に、また商業施設が求められるようになる。このような流れから、一九六〇年代の末には、大手企業によって専門店や飲食のテナントを集めたショッピングセンターがつくられるようになった。

百貨店の老舗である髙島屋が、子会社に東神開発を通じて開発を進めた「玉川髙島屋S・C」をオープンしたのは、一九六九年のこと。東京・世田谷区の南西に位置する二子玉川は当時、郊外の新興住宅地として広がりを見せていた。この地に、百貨店を中核に、専門店を集めてショッピングセンターを形成した。そして、巨大な駐車場も備えて、自動車に乗ってやってくる家族連れも呼び込んだ。

玉川髙島屋Ｓ・Ｃの成功は、さまざまな業種の企業がショッピングセンター事業に大きな関心を寄せるきっかけになった。

一口にショッピングセンターと言っても、多種多様な形態がある。複数の小売店（テナント）と賃貸借契約を結び、店舗を集約する商業施設をショッピングセンターとするならば、ファッションビル業態もまたその範疇《はんちゅう》に入る。一九六〇年代後半から一九七〇年代には、実に多くのファッションビルが姿を現した。

池袋パルコ（開業一九六九年）、代官山のヒルサイドテラス（同一九六九年）、渋谷パルコ（同一九七三年）、ラフォーレ原宿（同一九七八年）、渋谷１０９（同一九七九年）など、今でも知名度が高いファッションビルが次々と誕生している。

事業多角化を標榜していた鉄道会社も、ファッションビル経営に乗り出した。ＪＲ東日本によるルミネ新宿（同一九七六年）、小田急電鉄による本厚木ミロード（同一九八二年）が産声を上げた。現在、イオングループが手掛けるＯＰＡも、一九八八年の新神戸

ＯＰＡを皮切りに全国に店舗網を広げていった。

そして、不動産ディベロッパーも本格的にショッピングセンター開発に取り組み始めた。その初めての事例が、不動産ディベロッパー大手の三井不動産が一九八一年に開発した、千葉県船橋市の「ららぽーと船橋ショッピングセンター」だ。

ららぽーと船橋ショッピングセンターは核店舗として、船橋そごうとダイエーがモールの両端に位置し、その間をつなぐ三〇〇ｍの場所に二〇〇超の専門店が出店した。劇場のほか、カルチャーセンター、幼児の一時預かり所、銀行やクリニックも併設し、家族連れの顧客がワンストップで用事を済ますことができる大型の商業施設として運営した。

三井不動産はその後も、ショッピングセンター新業態の開発を継続。大阪市鶴見区の「花と緑の博覧会」の跡地に、アウトレットモール「鶴見はなぽーとブロッサム」（現・三井アウトレットパーク大阪鶴見）を一九九五年に開業。その後も、横浜市の「三井アウトレットパーク横浜ベイサイド」や千葉市の「三井アウトレットパーク幕張」などを展開していった。

三井不動産が手掛けたショッピングセンターの極めつきは、二〇〇六年に開業したＪＲ川崎駅に直結する大型商業施設「ラゾーナ川崎プラザ」であろう。東芝工場の跡地に建設したこの商業施設は、延べ床面積約一七万二〇〇〇㎡、店舗面積約七万九〇〇〇㎡、店舗数三三〇店舗を誇る。ビックカメラやダイソーなどの量販店、ZARAや無印良品といった人気ブランドショップが一堂に集《つど》っている。

加えて、人工芝を敷いたイベントスペース「ルーファ広場」を備えており、この広場でアイドルグループなどのライブイベントを、実に年間二〇〇回以上開いている。モノの販売だけでなく、コト消費も巧みに捉えるラゾーナ川崎プラザは、二〇一八年度の売上高が九五三億円。全国の商業施設の中でも、トップクラスの売り上げを計上している。

同じく不動産ディベロッパー大手の三菱地所も、静岡市の「マークイズ静岡」、横浜市の「マークイズみなとみらい」といったショッピングセンターを運営する。同社は大型のアウトレットモールも複数手掛けており、関西空港に近い大阪府泉佐野市に「りんくうプレミアム・アウトレット」、そして成田空港に近い千葉県印旛郡に「酒々井プレミアム・アウトレット」を持つ。

大手の一角である住友不動産も、ショッピングセンターの展開を本格化している。二〇一一年にオープンした神奈川県藤沢市のテラスモール湘南は、湘南の土地柄を意識した白を基調とする清潔感のあるレイアウトで構成し、ゆったりとテラスやカフェを数多く備える。老若男女の顧客で賑わい、「ラゾーナ川崎プラザ」と並ぶ人気ショッピングセンターになっている。

小売企業だけでなく、鉄道会社や不動産ディベロッパーなどが相次いで参入したショッピングセンターは、自動車による購買圏の広がりを巧みに捉えて成長してきた。

あらためて振り返ると、それまでの商業施設は鉄道で移動する人々を顧客とすることがほとんどだった。しかし、モータリゼーションの進展を背景に、小売業態は店舗を立地する基本条件を変えた。都心部の駅前立地が基本だった百貨店は、ファミリー層の取り込みに長年力を入れていたが、郊外に住宅地が広がるにつれて、そこに構える大型のショッピングセンターやGMSにも顧客を徐々に奪われていくことになる。

ライフスタイルの変化と「コンビニエンスストア」の拡大

ショッピングセンターが本格的に広がっていった一九七〇年代は、変動為替相場への移行やオイルショックなど、日本経済へ多大なる影響を与える出来事が連続した。

一九七一年、それまで各国で固定為替相場制がとられていたが、米ドルの金交換が停止されたため、それ以降、日本を含むほとんどの先進国が変動為替相場制に移行した。一九七三年には、オイルショックが世界を襲い、日本経済に大きな影響を与えた。きっかけは、この年の一〇月に勃発した第四次中東戦争だった。エジプト軍とシリア軍がイスラエル軍と交戦し、これが石油供給に影響を与え、日本も石油供給の削減対象国となった。

ガソリンスタンドの日曜日、祝日営業が中止され、新聞のページが減るなど、日常生活に大きな変化をもたらすことになった。オイルショックは狂乱的なインフレを引き起こし、人々を物資の買いだめに走らせる騒動を招いた。

そうした時代背景を持つこのころ、一九七三年に第二次百貨店法を発展させるような形で大規模小売店舗法（大店法）が制定された。

大型化したスーパーマーケットは、衣食住の全分野にわたる商品を幅広く扱うために、一店舗あたりの売り場面積が広くなっていた。こういった大型商業施設は、本来ならば第二次百貨店法の適用対象に含まれる範囲である。

だが、大型スーパーを経営する企業は、各フロアや売り場単位で別会社による運営を行うことで、百貨店法に該当する店舗面積を持っていながら規制を逃れる手立てを打つところが少なくなかった。第二次百貨店法は規制対象を建物単位で見る「建物主義」ではなく、企業単位で扱う「企業主義」をとっていたためである。いわゆる「疑似百貨店」で、事実上の自由出店であった。このような法の網をくぐるような動きには、中小小売店だけでなく、百貨店からも批判の声が強まっていった。

こうした経緯から、一九七三年に大規模小売店舗法があらたに制定された。大店法は一五〇〇㎡以上（東京二三区と政令指定都市では同三〇〇〇㎡以上）の店舗面積を有する建物を「大規模小売店舗」と規定し、当該建物で営業を行う小売業者をすべて調査の対象とした。また、百貨店法が店舗の新増設について許可制であったのに対し、大店法は事前審査に基づく届出制とされた。

大店法の成立と同時期に登場したのが、コンビニエンスストアだ。一九七〇年代には、スーパーよりも小さな店舗で展開できるコンビニが急速に台頭した。

小さな店舗の中に、食料品や日用品、飲料品、雑誌にいたるまで日常生活に必要な商品を効率よく揃えるコンビニは、時代の流れに合わせて店舗を拡大。コンビニを運営する企業はチェーンストア・オペレーションを巧みに駆使して、同じチェーンならば全国どこの店舗に行ってもほぼ同じ品揃え、同じサービスであることを徹底して、勢力を伸ばしていった。また、都心部のみならず、地方や郊外など全国のいたるところで、消費者の生活に欠かせない存在へと高まっていく。

現在のコンビニ最大手、セブン-イレブンの一号店が東京の豊洲に誕生したのは、一九七四年五月のこと。このセブン-イレブン一号店は、イトーヨーカ堂がアメリカのコンビニエンスストア企業であるサウスランド社と提携して設立したヨークセブン（後のセブン-イレブン・ジャパン）のフランチャイズ店で、朝七時から夜一一時まで営業をする店として有名になった。

同年の六月には、直営店を神奈川の相模原に開店。セブン-イレブンは、直営とフランチャイズの両方の店舗形態をとりながら、短期間で業績を伸ばしていった。これを契機にして、西友ストアーを母体にするファミリーマート、ダイエーが母体のローソンなど、他社がコンビニエンスストア業へ乗り出し、働く女性の帰宅途中での買い物需要や深夜に活動する若者層のニーズをつかみ、急激に発展していった。

そのころの日本人の生活時間帯は二〇年前と大幅に変わり、夜の生活時間帯が増えていっていた。その中で、コンビニでは二四時間営業店も次々に誕生していた。それまでには考えられなかった小売業態の深夜営業は、まさに時代の変化を象徴するものだった。

同時期に、特定分野の商品を集中的に揃え、圧倒的な低価格で販売する量販チェーン、いわゆる「カテゴリーキラー」と呼ばれる業態も現れた。ヤマダ電機やビックカメラなどの家電量販店、ニトリといった家具チェーン、ユニクロを展開するファーストリテイリングといった衣料品チェーンは、今でも多くの消費者が利用している。

スーパーやショッピングセンター、そしてコンビニなど、ライフスタイルの変化やニーズの変化に呼応して、柔軟に立ち位置を変えていった小売業態が多くの顧客を呼べるようになっていった。

バブル崩壊と業界大再編

一九八〇年代に入ると、地価の高騰などを背景にした「バブル経済」と言われる未曾有《みぞう》の好景気が訪れる。銀行は土地などの不動産を担保に積極融資を行い、土地の価格の何倍ものお金を企業に貸した。

しかし、一九八九年四月一日、日本で初めて消費税が税率三％で導入され、そのわずか一年後の一九九〇年に株価が大暴落。これを機に、一九九一年にバブル経済は完全に崩壊した。

大手銀行も不良債権の発生と株価下落で経営危機に陥り、北海道拓殖銀行や山一證券など、名門とされていた金融機関が次々と破綻《はたん》した。その後も銀行は不良債権の処理に追われ、日本経済は一九九〇年代末まで「失われた一〇年」を招くことになる。

この日本経済崩壊の痛手を、百貨店各社もまともに受けた。主力であった衣類・ファッション商品を中心に、売り上げが落ちていく。アパレル企業との二人三脚による消化仕入れという大量生産・大量消費を前提とした仕組みでは、モノが売れなくなると途端に在庫・返品の山を抱えることになった。

なんとか立て直そうにも、百貨店法に縛られて以降、創業当初の革新的な姿勢を失っていた百貨店は、有効な手立てを打てずに立ちすくんでいた。この章の前半で見たように、百貨店の売上高は一九九〇年代初頭をピークに、それ以降は持ち直すことができずに、下降の一途を辿ることになる。

バブル経済が崩壊し、売り上げが漸減した百貨店には、まるで「ゆでガエル」のようにゆっくりと危機が押し寄せていた。やがて、経営が立ち行かなくなる企業が多く現れた。そして、二〇〇〇年代以降、店じまいする店舗が増える中で、百貨店を運営する企業同士が統合する、いわゆる業界再編が起こった。

百貨店業界においては、意外にも古い時代からM＆A（企業の合併・買収）が行われていた。松坂屋の前身であるいとう呉服店は、一七六八年（明和五年）に東京・上野広小路の松坂屋を買収し、「いとう松坂屋」として開業した。一六六二年（寛文二年）創業の老舗百貨店、白木屋は、一九五八年に東横百貨店（現在の東急百貨店）と合併。一九七八年には新潟の小林百貨店が三越のグループに入り、一九八〇年に新潟三越となった（新潟三越は二〇二〇年三月に閉店予定）。

百貨店の豊富な資産に目をつけた、実業家などによる買い占めにあうことも頻繁にあった。一九八〇年代前半に、京都の医療法人である十全会が髙島屋株を買い占めた。その後、十全会が保有していた、その髙島屋株の一部をダイエーが取得した。当時、ダイエーは独自に百貨店経営に乗り出そうとしていたのだ。

ただ、二〇〇〇年代にはダイエーの経営状態も悪化し、創業者の中内㓛《なかうちいさお》が進めた多角化による「負の遺産」処理を進めたため、その一環で髙島屋株を手放すことになった。

バブル期には不動産大手の秀和が流通再編を旗印に、小売企業の株を買い占めた。松坂屋や伊勢丹など老舗百貨店株だけでなく、マルエツやいなげや、イズミヤなどのスーパー株にも手を広げた。だが、やはり一九九〇年代のバブル崩壊により、秀和の資金繰りも急激に悪化。その後、アメリカの投資銀行に買収され、消滅した。

不振にあえぐ「西武」と「そごう」の合併

業界再編の動きが本格化したのは、二〇〇〇年代に入ってからだ。バブル経済崩壊の後遺症が残るこの時期は、経営が順調な企業が経営難の企業を買収する「救済型」の合併が繰り広げられ、それが業界大再編のうねりとなった。

二〇〇〇年七月、百貨店大手の一角を占めたそごうが、東京地裁に民事再生法の適用を申請した。事実上の倒産である。カリスマ経営者とも言われた水島廣雄《みずしまひろお》元会長の主導のもと、全国に店舗網を広げたが、バブル崩壊とともに拡大路線が行き詰まった。

一九四〇年に武蔵野デパートとして創業した西武百貨店も、売上高が一時は三越を抜いて業界トップになるほど勢いがあったが、バブル崩壊以降は消費不振を映して営業が冴えなくなっていく。

同時期に経営難に苦しんでいたそごうと西武百貨店は、二〇〇一年に包括的業務提携を締結、二〇〇三年には二社の持ち株会社「ミレニアムリテイリング」が発足し、経営統合によるダブル再建を目指した。

経営統合後は再建が順調に進んでいたかに見られていたが、財務的な不安は完全には払拭《ふっしょく》されなかった。結局、二〇〇六年にセブン-イレブンやイトーヨーカドーを展開するセブン＆アイ・ホールディングスの傘下に入り、再び立て直しを図ることになった。

関西の両雄、「阪急」と「阪神」がまさかの経営統合

二〇〇七年一〇月には、阪急百貨店と阪神百貨店が経営統合し、「エイチ・ツー・オーリテイリング」が誕生した。ただ、この関西を代表する百貨店同士の統合は、業績不振を背景にした救済的な合併とは一線を画すものだった。

阪急百貨店のうめだ本店は、百貨店業界において現在も、伊勢丹新宿店に次ぐ売上高二位に位置する。特に、婦人衣料・ファッションの販売に強みを持ち、関西圏では阪急百貨店のブランド力は圧倒的なものがある。ほかにも、靴やアクセサリー、バッグなどの身の回り品の展開も得意とする。

阪神百貨店の梅田本店は、阪急のうめだ本店とはJR大阪駅を横切る国道一七六号線を隔てて、わずか五〇m程度の距離の間で対峙《たいじ》する。「いか焼き」で知られるような食料品の販売や、熱烈な阪神タイガースファン向けの応援グッズを主力とする。阪神タイガースが優勝すれば業績も上向くという、珍しい特徴もある。

衣料・ファッションについては、高級感を売りにする阪急百貨店うめだ本店に対して、

阪神百貨店梅田本店は大衆向けを意識した品揃えになっている。

この両社が結びつくことになった発端は、二〇〇五年九月に表面化した村上ファンドによる阪神電気鉄道株の買い占めだ。阪神百貨店は二〇〇五年一〇月に、阪神電鉄の完全子会社になることが決まっていた。阪神百貨店を電鉄の完全子会社とすることで、小売業態をグループで一体化して大型投資による活性化を図るもくろみだった。

だが、その年の七月ごろから村上世彰《むらかみよしあき》が率いる村上ファンドが、阪神電鉄と阪神百貨店の株を買い集めていたことが発覚。村上ファンドの阪神電鉄株の保有比率は、同年九月の時点で約二七%に達していた。

この買い占めに危機感を抱いた阪神電鉄の経営陣が頼ったのが、ほかならぬ阪急電鉄だった。阪神電鉄は、阪急電鉄などの純粋持ち株会社である阪急ホールディングスと経営統合協議を進めることで、局面の打開を図ろうとした。

結局、村上ファンド問題は迷走の末に、阪急ホールディングスが村上ファンドの保有する阪神電鉄株を取得することで決着。こうした経緯から、電鉄の統合会社である阪急阪神ホールディングスが誕生し、その余波を受けて、阪急百貨店と阪神百貨店が経営統合することになった。

統合した両社の本店は近距離で向き合っているが、顧客層はそれほどかぶらなかった。衣料・ファッションに強く、阪急電鉄沿線の高級志向の顧客を数多く抱える阪急百貨店と、活気のある食品売り場を持ち、大衆から支持を得ていた阪神百貨店とでは、統合しても共存共栄を図ることができた。

実際に、その後も両社は本店を建て替えているが、阪急百貨店うめだ本店は婦人衣類・ファッションや化粧品など、阪神百貨店梅田本店は地下の飲食店街や食料品売り場の充実に力を入れており、棲み分けができている（阪神百貨店梅田本店は第一期棟が二〇一八年六月に開業したが、第二期棟は建て替え工事中で、グランドオープンは二〇二二年秋を予定する）。

ちなみに、持ち株会社名のエイチ・ツー・オー リテイリングは、両社名の頭文字であるHと、大阪のOを組み合わせたもの。社名の由来について、エイチ・ツー・オー リテイリング側は、「グループの基本理念を地球環境になくてはならない存在である水＝H2Oに置き換えて表現したもの」としている。少々〝後付け〟感は否めないものの、確かに「水の都」と言われる大阪に本社を構える両社が統合してできたことを考慮すると、この説明もうなずける側面がある。

老舗中の老舗、「大丸」による「松坂屋」の救済合併

阪急百貨店と阪神百貨店が統合に向けての協議を進めていた最中に、もう一つの大きな合併交渉も水面下で行われていた。大丸と松坂屋による経営統合である。

大丸は一七一七年（享保二年）に創業者の下村彦右衛門正啓が京都・伏見で古着商「大文字屋」を開業して発足した。松坂屋は大丸よりもさらに古く、一六一一年（慶長一六年）に伊藤蘭丸祐道が名古屋の本町で呉服小間物問屋「いとう呉服店」を創業したのが始まりだ。

ともに長い歴史を持つ老舗百貨店が結びつき、二〇〇七年九月に共同持ち株会社「J・フロントリテイリング」が生まれた。

当時、松坂屋は苦しい台所事情にあった。本業の営業力の低下に加えて、高年齢社員が多く、退職給付債務の処理に追われていた。また、東京・銀座店、大阪店などの都心部の店舗でさえ営業赤字を垂れ流し続けていた。村上世彰が率いる村上ファンドに株式の一部を握られ、さまざまな提案を受けていたことも頭痛のタネだった。

一方の大丸は、大規模なリストラを徹底し、採算を大きく向上させていた。衣料専門店や縫製会社、印刷会社などの閉鎖や売却を進め、約四〇もあった関連会社を半分に減らし

た。国内の赤字店舗も閉店し、海外事業はすべて撤退。早期希望退職優遇措置による人員削減にも踏み込んだ。

大丸はこのようにして築き上げた経営改革のノウハウを松坂屋に移植して、強大な百貨店連合を形成する海図を描いていた。そして特に、松坂屋銀座店の再開発に興味を持っていた。大丸が単独で銀座に進出することはかなりハードルが高いが、松坂屋銀座店の再開発プロジェクトに加わることができれば、そこで新しい百貨店像を打ち出すことができる可能性がある。

実際に、経営統合後の二〇一六年四月、J・フロント リテイリングは松坂屋銀座店の跡地に、ラグジュアリーモール「GINZA SIX」を開業した。森ビルや住友商事などとの共同運営によるこの大型商業施設には、ラグジュアリーブランドなど、およそ二四〇もの店舗が入居する。第一章で見たように、従来の百貨店ビジネスとは異なり、各テナントと定期賃貸借契約を結ぶ「場所貸し」に徹した不動産形式のビジネスモデルを採用している。

ギンザシックスには欧米やアジアなどからの訪日外国人が連日押し寄せ、今や「銀座の顔」とも言える存在になっている。

なお、J・フロント リテイリングという社名の由来については、Jは「日本」、フロントは「先頭」、リテイリングは「小売業」を表し、「日本の小売業の先頭に立ちたい、という強い決意と思いを込めて名付けた」と、同社のHPでは強調されている。

百貨店の牽引役、「三越」と「伊勢丹」の大型統合

大型再編はこれだけにとどまらなかった。二〇〇八年四月、ついに百貨店業界の牽引役であった三越と伊勢丹が経営統合した。当時の両社の売上高を合計すると、一兆五〇〇〇億円を超える日本一の百貨店グループへと躍り出た。

この統合もまた、事実上の救済型合併だった。一六七三年（延宝元年）に越後屋として創業して以降、三越は革新的な販売手法を次々と導入し、業容を拡大してきた。

しかし、百貨店法などの法規制やアパレル企業と構築した消化仕入れという大量生産・大量販売を前提とした仕組みに縛られ、革新性を見失っていく。バブル経済が崩壊し、人々の消費意欲が減退すると、その状況を単独で覆すほどの力を持ち合わせていなかった。

三越の売上高は一九九〇年代前半をピークに、年々減少していった。かつて誇った営業力は色あせ、相次ぐリストラで財務も傷んでいた。また、都心に優良資産を持つことに目

「パークシティイセタン１」

をつけた海外の投資ファンドから、出資などに関する再生策を提示されていた。

一方、伊勢丹は「ファッションの伊勢丹」と言われるほど、衣類・ファッションの販売を拡大し、業績を伸ばしていた。一八八六年（明治一九年）に、米穀商・伊勢又から分家した小菅丹治《こすげたんじ》が呉服太物商「伊勢屋丹治呉服店」として開業した伊勢丹は、他の老舗百貨店に比べると後発だった。だが、帯や模様にこだわりのある商品を揃えることで、他社との差別化を図った。

一九六七年には伊勢丹研究所を設立し、商品トレンドや消費者行動の情報収集・分析を徹底。デザイン・服飾学校や芸術大学出身者など、流行感度の高い人材を積極採用し、流行の先端を捉えてきた。

そういった経緯から、伊勢丹は圧倒的なＭＤ（マーチャンダイジング：商品の企画開発や仕入れ、販売、管理などの業務マネジメント）を備え、百貨店業界の中で一目置かれる存在になっていた。顧客のニーズを分析し、「顧客が求めている」と判断した品種、品質、価格を提示。季節イベントや顧客のライフスタイルなどを考慮した商品を仕入れ、売り場に工夫して並べて拡販してきた。

二〇〇三年九月には、新宿本店の「男の新館」を三五年ぶりに全面改装し、「メンズ館」として開業した。紳士服市場が縮小する中で、男性専門館を刷新して再オープンすることに懐疑的な見方もあったが、このメンズ館は顧客から支持を受ける。後に、複数のライバル百貨店も、男性顧客をターゲットとする専門館を取り入れていった。

バブル経済崩壊で苦境に陥る百貨店が多い中でも、業界の「勝ち組」としてひた走ってきた伊勢丹だが、経営上の課題があった。伊勢丹は新宿本店が全体利益の過半を叩き出す、あまりにも偏った収益構造だった。

勢いのあった伊勢丹は二〇〇五年に北海道の丸井今井へ資本参加（二〇〇九年に三越伊勢丹ホールディングスの子会社化）、同二〇〇五年に福岡の岩田屋を子会社化するなどいくつかのM&Aを手掛けていた。

だが、都心部の店舗を増やすことが念願だった。その点、三越は東京の日本橋本店だけでなく、銀座店、名古屋栄店など伊勢丹が未進出だったエリアに、大型店舗を構えていた。伊勢丹が自社単独でこういったエリアに進出するには巨額の投資が必要になるが、三越と手を組めば、店舗配置の面で補完関係を築くことができる。

ファンドからの攻勢に動揺する三越も、営業力に秀でていた伊勢丹の力を借りて業績を立て直すことが最善の策と判断した。両社は握手を交わし、二〇〇八年に三越伊勢丹ホールディングスとしてスタートを切った。

大再編後も続く深刻な販売不振と「地方百貨店」の崩壊

大手百貨店同士が統合する業界大再編が起こったものの、百貨店全体の売り上げが回復することはなかった。

日本百貨店協会の統計によると、二〇一八年の全国百貨店の売上高は前年比〇・八％減の五兆八八七〇億円だった。これはピークだった一九九一年の九兆七一三一億円と比べると、約六割の水準でしかない。同じく日本百貨店協会によると、全国の百貨店の数も一九九九年には三一一店あったが、二〇一九年五月時点では二〇二店舗に減っている。

百貨店の販売が低空飛行を続けるのは、主力商品であった衣料品が売れなくなってしまったことが大きい。データで商品構成比率の推移を見たように、最近は需要が底堅い食品の構成比率が高まっているが、食品は単価が低い。一方で、単価が高く採算性も良い衣料品が売れないため、これが百貨店業界全体の収益を抑える要因になっている。

衣料品が売れなくなってしまった理由は、景気にかつてほどの勢いがなく、消費者の購買意欲が減退しているからにほかならない。日本のバブル崩壊による一九九一年からの深刻な経済問題、二〇〇八年のリーマン・ショックに端を発した世界連鎖的な金融危機、そして二〇一四年に五%から八%に、さらに二〇一九年一〇月に八%から一〇%に引き上げられた消費税の増税も、影響を与えているだろう。

このあたりの環境の変化を要因に、消費者、特に中間層の財布の紐が固くなった。必要と認めるものにはお金を費やし、そうでないものには極力お金をかけようとしない「消費の二極化」も昨今は鮮明になっており、これが百貨店の経営に影響を与えている。

では、百貨店は逆風一辺倒かというと、そうではない。近年は訪日外国人の需要が、大都市圏を中心に百貨店の売上高を底支えしている。政府によるビザの発給要件の緩和や、中国の地方都市を中心に、アジアから日本へのＬＣＣ（格安航空会社）などの航空便が増えたことを背景に、ここ数年は訪日外国人数が増加傾向にある。二〇一八年の訪日外国人数は三一一九万人で、日本政府観光局（ＪＮＴＯ）が統計を取り始めた一九六四年以降、過去最高の数字になった。

彼らは消費意欲も旺盛で、訪日外国人の消費額は二〇一一年には八一三五億円に過ぎなかったが、二〇一八年には四兆五一八九億円と、およそ5倍に拡大した（観光庁調べ）。外国人の中でも中国人の消費意欲は盛んで、二〇一四年から二〇一五年にかけて、「転売ヤー」と呼ばれる中国人転売業者が、転売目的で家電や化粧品を買い漁った。この「爆買い」ブームが起こったことは、読者の記憶にも残っているだろう。

こうした悪質な転売業者は少なくなったが、今でもソーシャルバイヤーと呼ばれる個人の転売者を通して、ＥＣサイトで化粧品や日用品が売買されるケースがある。

そうした訪日外国人客は、百貨店にも金を落としていく。日本百貨店協会によると、二〇一九年の免税売上は三四六一億円と、三年連続で前年を上回った。特に、訪日外国人客で賑わうエリアは、その恩恵を多く受ける。

例えば、東京・銀座エリアに構えるギンザシックスは、全売上高のうち免税売上高がおよそ三〇％を占める。他の松屋銀座や銀座三越も、免税売上高が二〇％台と高い水準にあるとみられる。

ただ、訪日外国人客需要の恵みを受けるのは、空港に近い都心部に構える一握りの店舗だけだ。たとえ観光地に立地していても、訪日外国人客は地方や郊外店舗ではモノをあまり購入しない。姫路市に店舗を持つ老舗百貨店のある担当者は、「外国人は地方百貨店には金を落としていかない」と嘆く。

このように都市部の百貨店は、底堅い高額所得者層の需要や、旺盛な訪日外国人客の消費意欲に支えられている側面がある。だが、訪日外国人需要などの恩恵が少ない地方や郊外の店舗は、軒並み閉店に追い込まれている。

二〇一六年にはそごう柏店（千葉県）、千葉パルコ（千葉県）などが閉店した。二〇一七年には三越千葉店（千葉県）が店じまい。二〇一八年には、名古屋市栄の老舗百貨店である丸栄（愛知県）が創業四〇〇年以上の歴史に幕を閉じた。同年はさらに、伊勢丹松戸店（千葉県）、十字屋山形店（山形県）、山口井筒屋宇部店（山口県）が閉店した。

二〇一九年に入っても、大丸山科店（京都府）、伊勢丹府中店（東京都）、伊勢丹相模原店（神奈川県）などが相次いで店を閉じた。また、岐阜県大垣市で五〇年以上の歴史を持つヤナゲンも八月末に本店を閉め、百貨店業から完全撤退した。

二〇二〇年も百貨店の閉店ラッシュは終わりそうにない。一月に一七〇〇年創業の大沼（山形県）が破産。三月に新潟三越（新潟県）が店じまいした。東急百貨店は渋谷駅で運営する東横店の営業を三月末付で終了する。髙島屋も港南台店（神奈川県）の来店客減少に歯止めがかからず赤字が続いていたため、同年八月に閉店することを決めた。

さらに、セブン&アイ・ホールディングス傘下で、リストラを徹底していたそごう・西武も、店舗撤退を加速する。同社は二〇二〇年八月から二〇二一年二月にかけて、西武大津店（滋賀県）、西武岡崎店（愛知県）、そごう徳島店（徳島県）、そごう西神店（兵庫県）、二〇二一年二月にそごう川口店（埼玉県）を閉店する計画を公表している。

そごう・西武は二〇〇六年にセブン&アイ・ホールディングスの傘下に入った際には三〇近い店舗があったが、二〇一九年一二月時点でおよそ半分の一五店舗に減った。さらに、二〇二一年度までに五店舗を閉鎖する計画であるため、わずか一〇店のみで運営する体制となる。

百貨店の閉店が続出する現象は、日本に限った話ではない。日本の百貨店がモデルとしてきた欧米の百貨店も店舗閉鎖が相次ぐ。アメリカでは二〇一八年にシアーズが経営破綻、二〇一九年八月にはバーニーズ・ニューヨークが米連邦破産法第一一章の適用を申請。メーシーズやJ・C・ペニーも店舗縮小基調が続く。

イギリスでも、二〇一八年のハウス・オブ・フレーザーの破綻に続き、デベナムズが二〇一九年四月に事実上の経営破綻に陥った。欧米百貨店の相次ぐ撤退は、ECとの競争激化に巻き込まれたことを主因としている。

百貨店は時代に取り残されるのか

日本では今後も、百貨店の売り上げが落ち込んでいく懸念がある。

日本の小売業態において、百貨店は実にエポックメイキングな存在だった。革新的な運営方法を次々と導入して、日本の小売業態のあり方そのものを築き上げていった。

現在の百貨店のみならず、GMS、食品スーパー、ショッピングセンターやモール、コンビニエンスストア、そしてファッションブランドチェーンや家電量販店などのカテゴリーキラー、ドラッグストア、こういったありとあらゆる小売業態が、基本的な販売手法という側面では、百貨店がかつて築き上げたビジネスモデルの上で今でも商売を営んでいると言っても、けっして過言ではない。

かつて小売業態をリードしてきた百貨店の不調が続く理由は、バブル崩壊などの経済状況の悪化だけではない。百貨店法などの法規制や業界の独特の商慣習が、時流を捉えて挑戦し続ける百貨店の姿勢を徐々に奪っていった。

二〇〇〇年ごろからEC企業が急速に台頭し、人々はネット上で商品情報を集めて、そこで比較して、気に入った商品を購入する傾向が増えてきた。わざわざリアル店舗にまで出向いて、商品を買わなくなっていったのである。

特に、米EC大手、アマゾンの脅威は絶大だった。「アマゾンエフェクト」とも言われるほどで、同社はアメリカで、書籍、玩具、衣料などの企業、チェーンを次々と廃業に追いやった。

アマゾンなどのEC大手は購買履歴だけでなく、どのような商品をクリックしてチェックしていたのかなど、顧客データを収集、蓄積することができる。そして、こういったデータを基に、顧客の趣味・趣向に沿った提案を、例えば広告リコメンド機能（購買履歴を基に好みを分析し、顧客の興味・関心がありそうな情報を提示すること）などで提示することができる。

小売業態ではこれまで、大量に商品を生産し、大量に供給して、大量に陳列して販売するというマス（大衆向け）・マーケティングが主流だったが、今では個々の顧客の事情に寄り添うカスタマイゼーションという手法が有効になってきている。デジタル技術をフルに活用するEC企業は、このカスタマイゼーション的アプローチに強みを持つ。

「われわれには、たくさんの顧客基盤があるので、本気でECを手掛ければいつでも対応できる」。そう豪語していた百貨店の関係者は少なくなかったが、それはプライドの高さが邪魔をして、見たくないものを見ていなかっただけで、結局は今でも消費者の購買行動の変化を捉えきれずに苦しんでいる。

さらに、ここ数年は中間層を中心に、節約志向が強まっている。気に入ったもの、自分が必要と思ったものには高くてもお金をかけるのをいとわない一方で、それ以外のものにはとことん出費を抑える「消費の二極化」も鮮明になっている。

最近では、地球環境に配慮した行動をとる「エシカル消費」の考え方も出てきている。安い商品を大量に買って廃棄を増やすのではなく、たとえ値段が高くても、一つの商品を長く、丁寧に使うスタイルが若者を中心に広がりを見せている。

小売企業側はこれまで、大量生産・大量販売を前提にしたマス・マーケティングによる営業活動を行っていたが、多様化を背景にしたこれからの時代は、個々の事情や嗜好に寄り添うカスタマイゼーション的なアプローチが商売の主流になっていくと考えられる。

「リアル店舗」と「EC」を融合させる道

それでは、ビジネスの潮流が劇的に変化し、環境が厳しさを増す中で、百貨店は果たして、今後生き残りへの海図を描くことができるのだろうか。実際に、毎年のように数多くの店舗が売り上げ減少に歯止めがかからずに、閉店に追い込まれている。

「百貨店はオワコン」——日常の会話の中でさえ、そういった言葉が出てくるようになって久しいが、百貨店は本当に、このまま衰退していくだけなのだろうか。

ここで、これまで見てきた百貨店の強み、特徴を振り返ってもらいたい。百貨店はかつて、「モノを売る」「流行をつくりだす」「サービスを提供する」、この大きな三つの特徴を生かして隆盛を極めた。都心部、あるいは中核都市の好立地に大型の店舗を構えて、たくさんの顧客を呼び込んできた。このような百貨店の強み、特徴を活用できる新たなビジネスモデルはあるのではないか。

そういった視点で検証すると、百貨店が今後生き残っていく道として、大きく三つの方向が考えられる。

一つは、三越伊勢丹ホールディングスが打ち出している、リアル店舗とＥＣを結びつけた動きだ。同社は長い歴史で培われた接客力と顧客基盤、そして現代のデジタル技術を掛け合わせた〈シームレスなサービス〉を強化している。

ＥＣが台頭した当初は、ＥＣとリアル店舗は対立するものと考えられがちだったが、最近はＥＣ企業もリアル店舗を持つ事例が増えている。好例は、アマゾンだ。同社は二〇一七年に、スーパーマーケット・チェーンのホールフーズ・マーケットを買収した。実際にリアル店舗で消費者の生の声を聞き、また消費者に手で触ってもらうなど、商品を試してもらうことが、長期的な関係を構築するうえで重要であるということを、ＥＣ企業も理解し始めたのだ。

となると、新宿や銀座、日本橋などの都内だけでなく、全国の政令指定都市や中核都市にリアル店舗を構える百貨店は、アドバンテージがあるとも言える。

ここ数年、三越伊勢丹ホールディングスはデジタル強化を掲げていたが、記者会見などでの説明では時間が限定されていることもあり、その狙いをいま一つ理解することができなかった。ところが、二〇一九年一一月に杉江社長にインタビューした際に、デジタル投資戦略についてじっくり話を聞いたところ、リアル店舗とECの融合こそが小売業態が営業を続けていくうえで必要不可欠であることを意識し、それを会社の経営戦略に落とし込んでいることが伝わってきた。

三越伊勢丹ホールディングスは現在、高額の一点ものの商品については、その商品がどのように作られたのかといった〝ストーリー〟を、過去の購買履歴や嗜好データなどから抽出した顧客に、情報として届ける仕組みを構築しようとしている。

アマゾンがサイト訪問者の閲覧や購買履歴をベースにレコメンデーションを行うのに対し、三越伊勢丹はそれを高額の一点ものに特化して展開する。言い換えると、「外商制度」や「お帳場制度」で関係を構築してきた高額所得者層に、WEB機能を使ってアプローチすることで、得意の高付加価値商品を顧客の好みに沿いながら提案する、というわけだ。

三越伊勢丹は、こういったリアル店舗とECの融合を意識している。「やはり、お客さんにリアル店舗に来ていただくことが基本。店舗の商品情報をECサイトに載せて、それをお客さんが検索して気に入れば、店頭で商品を準備しておいて、その実物を触ってもらう。衣料品ならば試着してもらう」と、デジタル化を積極化することを杉江社長は強調する。

百貨店の強みとデジタル技術を融合する新たな取り組みは、今後の百貨店の衰退を食い止める手段になる可能性を秘めている。

「不動産ビジネス」として活路を拓く道

百貨店が今後も生き残っていく方向として考えられる二つ目の道は、都心部に持つ好立地の優良資産を活用したビジネスモデルを追求することだ。

J・フロント　リテイリングの山本良一社長は、現在百貨店が置かれている状況を「百貨店が呉服店から百貨店への道を歩んで以降の一〇〇年来の大変革期にある」と、言い切る。これまでの百貨店経営を踏襲するだけでは変化の波を乗り切れることができないという危機感から、J・フロントリテイリングは大胆な「脱・百貨店戦略」を経営方針として掲げている。

脱・百貨店の象徴が、二〇一七年四月に東京・銀座の中心地に開業した「GINZA SIX（ギンザシックス）」だ。J・フロント リテイリングと森ビル、住友商事などの異業種体が一体となって進めた大型プロジェクトである。

地下二階から地上六階までにおよそ二四〇ものブランドショップが集結。銀座の中央通りに面する売り場には、フェンディやディオールといった世界を代表するラグジュアリーブランドが店を構える。館内の随所に世界的なアーティストの作品を配置するなど、単に高級なものを集めただけではなく、フロア構成や空間づくりなどで他に類を見ない高級感を演出している。

山本社長は、二〇一八年九月に行った東洋経済のインタビューの際に、ギンザシックスについて次のように述べている。

（従来とは違うモデルを標榜した）ギンザシックスは百貨店の「変革の象徴」と言える。開業二年目に入ってリピート顧客が増えている。化粧品テナントには三カ月ぐらいで再来店する顧客が多いようだ。二〇代から四〇代顧客で八割を占める。収益の安定性は、今後何年か続くだろう。

ギンザシックスは訪日外国人からも評価されている。全体売上に占める外国人向け比率は約三〇％と、当初想定していた二〇％よりも高い。東南アジアや欧州などで評判になっており、在日フランス商工会議所が二〇一八年一〇月に開催した創立一〇〇周年記念の講演では、出席者がギンザシックスの話を熱心に聞いていた。

J・フロントは、ギンザシックスのビジネスモデルを他店舗にも移植した。二〇一九年九月にオープンした大丸心斎橋店本館（大阪市中央区）は、営業面積の三三％のみが従来型の百貨店売り場で、残りの六七％が定期賃貸借契約という構成だ。

「従来型の百貨店売り場では取り入れることができないブランドを誘致することに重点を置いた」と山本社長は言う。地下には全一三店舗、総席数約三五〇の大型フードホールを設置するなど、単に定借化するだけではなく、新しいコンセプトを取り込んだ。

ギンザシックスは、老舗百貨店の跡地に不動産式のビジネスモデルを採用したことも画期的だったが、それに加えてラグジュアリーブランドの基幹店を集めた効果も大きい。こういった基幹店でしか購入できない商品や、世界に先駆けて投入される商品を目当てに、ギンザシックスを訪れる訪日外国人は少なくない。また、吹き抜けの空間を利用したデザイン性の高い内装など、建物全体で高級感を創出していることも、かつての百貨店が備えていた「特別な空間」としての存在感を出している。

「That's GINZA SIX」。そう言って建物を指さし、少し興奮気味に館内に入っていく外国人を、筆者はたくさん見てきた。

「ニッチ分野」に特化・集積させる道

百貨店の生き残り策として考えられる三つ目の方向は、施設の特色を明確に打ち出した特化型店舗を標榜することである。例えば、ニッチな分野の業態を集めた店舗などが考えられる。

本書で何度か取り上げてきた丸井グループは、オリジナリティのある店舗づくりを模索している。同社は数年前から、「モノを売らない店」を標榜する。モノを売らない店とは、デジタル技術の活用によりショールーム機能などに特化した店舗のことだ。

丸井は「モノからコト」へと消費のトレンドが移っていることを捉え、二〇一五年ごろから事業モデルの転換を進めてきた。モノを仕入れて販売する百貨店型から、飲食店などテナントの賃料収入をベースとする不動産型、ショッピングセンター型へ移行してきた。

丸井は次の戦略として、ショールーム機能などに特化した店舗や飲食店などで構成する

「デジタル・ネイティブ・ストア（＝モノを売らない店）」の実現を目指す。丸井にとって、モノを売らない店は安定収益源となる。たとえ店頭での売り上げがなくても、テナントとの不動産契約による家賃収入が定期的に入ってくるからだ。

丸井グループの青井浩社長は、モノを売らない店を標榜する理由について、次のように語る。「今や、スマートフォンで、いつでもどこでも、モノを買うことができる。店舗で買うよりも、ネットのほうがよっぽどスムーズ。その中で、店舗はどのように生き残っていくのか。その答えの一つとして、店舗の役割を販売する場所から『体験する場所』へと変えている」

丸井がここ数年、誘致に力を入れているのが、「D2C（ダイレクト・トゥ・コンシューマー）」ブランドだ。D2Cとは、定義はまだ明確ではないが、消費者に直接商品を販売する形態という見方が主流だ。ECを活用するケースが多いため、リアル店舗の必要がないようにも見えるが、消費者との接点をつくる目的でリアル店舗を出す企業が、ここにきて増えている。

日本の代表的なD2Cブランドの一つである「FABRIC TOKYO」は、二〇一九年一一月時点で全国に一六店舗を構え、そのうち丸井には六店舗を出店している。

同社は、ネット上でスーツやシャツをカスタムオーダーできるサービスを打ち出す。紳士服チェーンなどの、量産型のいわゆる「吊り下げ」スーツではなく、「個々の体型に合ったぴったりとしたスーツを着たい」とのニーズがある二〇～三〇代のビジネスパーソンを中心に支持を得ている。

リアル店舗では、顧客に採寸してもらい、そのデータを保存。身体のサイズだけでなく、「サッカーが好き」といった趣味や、「スリムなパンツが好き」などの嗜好をデータ化している。ＦＡＢＲＩＣ ＴＯＫＹＯの森雄一郎《もりゆういちろう》社長は、二〇一九年一〇月に行った東洋経済のインタビューに際し、「われわれが手掛けるサービスは、カスタマーエクスペリエンス（顧客が感じる心理的価値）向上につながる。顧客との距離が近いので、ダイレクトな訴求・情報交換ができる」と強調した。

Ｄ２Ｃブランドはメガネや靴、スーツケースなど、特定の部分に特化したニッチな商品を展開するケースが多い。丸井は、こういったニッチなニーズを捉えたＤ２Ｃブランドを囲い込むことで、商業施設をバラエティ豊かなものにし、活性化することをもくろむ。「ＥＣは今後、大手一極に集中していく可能性がある。それではおもしろくない。多種多様なものがある豊かな世界をつくっていかなければならない」。青井社長は、そのように言葉に力を込める。

ニーズに合った「ストーリー」のある販売を

ここまで、百貨店の今後の方向として、「リアル店舗とECの融合」「不動産型の賃貸形式ビジネスモデルの追求」、そして「ニッチ分野の集積」を意識した特色のある店舗構築を取り上げてきた。これらはあくまで、単店として見た場合の筋道だが、グループ全体の取り組みとしても何らかの対策はあるのではないか。

例えば、エイチ・ツー・オー リテイリングは、グループ内に阪急百貨店、阪神百貨店という関西を代表する百貨店を持つだけでなく、高級路線のスーパーマーケットである阪急オアシスや阪急西宮ガーデンズなど商業施設の運営を手掛ける阪急阪神ビルマネジメントを有する。

こういったグループのリソースを集結させ、大阪・梅田駅の周辺に百貨店、商業施設、高級スーパーを一堂に介したドミナント戦略を展開すれば、圧倒的な集客力のある商業集積群をつくることができるのではないだろうか。ここにアウトレットモールなども加えると、さらに集客機能が増すと考えられる。

都心部では、まださまざまな新しい仕掛けが考えられるが、地方・郊外型店舗はどうだろうか。人口減少が著しい地方・郊外では、先ほど見たように百貨店の閉店が後を絶たない。今後の立て直し策はあるのだろうか。

この点について、三越伊勢丹ホールディングスの杉江俊彦社長は、「地方店は食品の売上高比率がおよそ三〇%〜四〇%、売り場面積比率が平均九%。つまり食品以外の分野は九〇%超の面積を持ちながら六〜七割しか売り上げていない。この構造を直さないといけない。食品売り場は地下に設けているところがほとんどだが、一階、二階、三階にも設置するなど、地方顧客のニーズに合わせるために思い切った施策を打たないといけない」と語る。

実際、筆者が二〇一九年の暮れに、二〇二〇年三月で閉店する新潟三越（新潟県）に足を運んだところ、一八時ごろに入店したからかもしれないが、一階の化粧品売り場や二階から上層の衣服・ファッション売り場は、来店客がまばらだった。顧客よりも、店員の数のほうが多いようにも見えた。

ところが、地下の食品売り場に移動すると、多くの買い物客で賑わっていた。正直、「こんなにお客さんがいるんだ」と驚いたほどだ。年末年始用の食料品を買い込んでいたのかもしれないが、「百貨店で食料品を買いたい」というニーズは、地方でも底堅いものがあることが伝わってきた。

店を出てタクシーで移動中、年配の運転手は、「三越が閉店するのは寂しいよ」とつぶやいていた。一九〇七年に小林呉服店として開業して以降、一一〇年以上もの間、街のシンボルとして地域住民に親しまれてきた店舗だ。食料品売り場の活気ある光景を目の当たりにすると、ほかに何らかの手立てがあったのではないだろうか、と考え込まざるをえなかった。

三越伊勢丹の杉江社長だけではなく、J・フロント リテイリングの山本良一社長も、「都心部百貨店の小型版を地方で展開するこれまでのやり方では、もはや通用しない。地方には地方のお客さんに合致する『ストーリー』が必ずある」と力を込める。

杉江社長、山本社長ともに、地方・郊外店のニーズを見極めて、その地域ならではの特色を打ち出していく必要性があることを強調する。

進むべき道筋は自らの手で

百貨店を取り巻く環境は、今後厳しさを増すばかりだ。いや、そもそも百貨店だけではなく、小売業態全般が先の見えない暗いトンネルの中に立っているような状態だ。

GMSや食品スーパーでは、生き残りをかけた再編の機運が高まっている。スーパーはもともと低採算の業態であったところに、昨今の人手不足を背景とした賃金上昇が圧迫している。最大手のイオンでは、食品事業を全国六エリアに分け、各エリアで集積することで地域ニーズにあった商品開発や運営を目指す。イトーヨーカ堂は不採算店舗の閉鎖や人員削減などの構造改革を急ぐ。

勝ち組であったコンビニエンスストアも、これまでの店舗拡張戦略が限界を見せ始めている。店舗が増えすぎた結果、既存店売上高が頭打ち状況になってきた。人手不足から二四時間営業の見直しも迫られている。全国画一的に同じオペレーションを徹底するチェーンストア・マネジメントで成長してきたが、もはやそのような画一的、硬直的なビジネスモデルは限界に来ている可能性がある。

食品を強化することで業績を伸ばしてきたドラッグストアも、競争の激化で既存店の食い合いが起きている。そこで、マツモトキヨシホールディングスとココカラファインが二〇二一年一〇月をめどに経営統合するように、業界大手同士の合併が今後相次ぎそうだ。

かつての百貨店や食品スーパーと同様に、ドラッグストアも大型再編の荒波が押し寄せようとしているのだ。

人口が減り、高齢化が進んでいく日本。この見通しの中で、もはや大量に生産しても、大量に販売できる見通しは立たなくなっている。高度成長期は効率的、画一的、全国一律のオペレーションが合致していたのであろう。効率的に大量に販売して、旺盛な消費意欲を取り込むことで、小売各社は成長してきた。

しかし、人口が減り、かつ多様な価値観を持つ人々が増え、インターネットで情報が溢れる昨今の状況からすると、小売各社は顧客一人ひとりのニーズに寄り添うような提案ができなければ、生き残ることができないだろう。多種多様な要望に応えるような商品開発やサービスの提供などができなければ、顧客からソッポを向かれる事態を招く。

顧客のニーズに寄り添うためには、リアル店舗の展開だけでは限界があり、デジタル技術との融合やグループリソースの集結といった総合力が問われることになる。

先行きが読めない「道標」なき時代に突入した小売業態。しかし、そもそも百貨店が呉服屋として誕生したころ、そして、呉服屋が百貨店へと転換したころは、進むべき道筋がハッキリ見えていたのだろうか。そうではないだろう。「顧客が本当に求めていることは何か」ということを力の限りくみ取って、その結果として画期的な手法を生み出してきたはずだ。

百貨店の歴史をつぶさに見てきた。全編にわたって、強みや特徴を確かめてきた。先の見えない時代に、光明をもたらすカギとなるものは、それぞれの存在をしっかりと見つめ直すことなのかもしれない。

（03）三越の売上高データは、一九〇五年（明治三八年）～一九四七年（昭和二二年）までを「商品売買益」、一九四八年（昭和二三年）以降を「売上高」として算出している。

おわりに

日本橋の三越本店近くを歩いていると、急に雨が降ってきた。あいにく、手元に傘がない。どうしようかと思案して、ふとひらめいたことがあった。日本橋三越本店の建物の中にトコトコ入っていき、そして総合受付の女性従業員にこうたずねた。

「傘のレンタルサービスはありますか」

実は、三越の前身である越後屋は、江戸時代に日本橋の本店で「貸傘」のサービスを行っていた。にわか雨が降ってきた際に、傘を持ち合わせていない顧客に、無償で傘を貸すサービスだった。その傘には、丸に井桁と三が入った「越後屋」のマークが大きく描かれていた。

貸傘を利用する人が増えるにつれて、そこに描かれている越後屋のマークが有名になり、江戸の若い人の間では「見栄になる」と評判になったようだ。貸傘はサービスとして展開したものだが、結果的に、今で言うブランドプロモーションにつながったというわけだ。

筆者はこの江戸時代の貸傘サービスを知っていたので、想定外の雨に打たれた際に、「日本橋三越本店にはもしかすると、今もこのサービスが残っているかもしれない」と考えたのである。半信半疑でたずねたのだが、日本橋三越本店の従業員の答えは――。「あります」だった。建物の入り口に案内されると、そこに傘が並べてあった。

と言っても、これは三越単独のサービスではなく、渋谷区の新興企業が展開する「アイカサ」と名付けられたサービスだ。スマートフォンでQRコードを読み取り、傘に暗証番号を入力するだけで、一日七〇円でレンタルすることができる。日本橋三越本店、日本橋髙島屋、東京スクエアガーデンといった東京駅周辺の商業施設など四一カ所に設置されている。

本書は百貨店が革新的なサービスを次々と打ち出し、独自の地位を保って小売業界をリードしてきたことを詳しく述べてきた。そして、一九九〇年代のバブル崩壊以降の景気後退局面から、百貨店各社の業績が悪化し、それを引き金に業界大再編が起きたことも見てきた。

現在も、地方・郊外を中心とする百貨店の営業成績は一向に上向く気配を見せていないことから、さらなる業界再編が起きる可能性は十分にある。

老舗百貨店の髙島屋と阪急・阪神百貨店を擁するエイチ・ツー・オー リテイリングは二〇〇八年から経営統合を模索したが、経営戦略のすり合わせに齟齬《そご》が生じ、二〇一〇年に断念した過去がある。ただ、呉服屋を祖業とし東京や大阪、京都に店舗を構える髙島屋と、電鉄会社から出発し大阪を軸に展開するエイチ・ツー・オー リテイリングは地域補完関係がある。再び「呉鉄連合」の誕生を模索しても、不自然ではない。

リストラを進めるそごう・西武についても、百貨店関係者の間では「不採算店舗を整理してから身売りする」との見方がもっぱらだ。実際、ある百貨店の首脳は、「投資ファンドが、そごう・西武の売却を画策していた」と明かす。

もう一度業界再編が起こり、需要が減退する地方・郊外百貨店の閉店が続けば、百貨店の数はますます減っていくだろう。では、百貨店は使命を終えたのかというと、そうではないはずだ。

筆者の友人は、「かつては毎月、現在八〇歳を超える母親を日本橋髙島屋に車で連れていっていた」と語る。贈り物のお返しとして、大森屋の海苔《のり》をまとめ買いしていたという。

他の百貨店でも買えそうなものだが、「高島屋の包装紙。母親はこれを気に入っていたんだよ」と、友人は話してくれた。今はさすがに毎月通うことはなくなったそうだが、百貨店のロゴが入っている包装紙にはブランド価値のあることがわかるエピソードである。

仮に、百貨店がなくなるとすれば、富裕者層はどこで買い物をするのだろうか。中間層も贈り物や、ハレの日に使用するような衣類・ファッション商品を買うときに、迷ってしまうことも考えられる。ショッピングセンターなどのライバルが力をつけているとはいえ、「モノを売る」「流行をつくりだす」「サービスを提供する」といった強みを持っていた百貨店には、富裕者を中心とする消費者にとっては、利用する際に今でも安心感があるのではないだろうか。

消費の二極化が進む中、今後はこだわりをもって選択する質の高い商品と、使い捨て感覚の安い商品との棲み分けが明確になっていくことが考えられる。そうなってくると、むしろ中途半端なゾーンで展開するＧＭＳなどの商業施設が、存在価値を問われていくのではないだろうか。一方で百貨店は、需要としては底堅いものがあるはずだ。淘汰される店舗も当然出てくるだろうが、終章で述べたように、デジタル技術との融合や圧倒的な差別化を図った特徴のある店舗を打ち出せば、生き残りへの道が開けてくるかもしれない。

本書の執筆に際しては、さまざまな方にお世話になった。まず、的確、丁寧に編集方針を示していただいた編集部の木下衛氏にお礼を申し上げたい。木下氏の提案がなければ、この企画は成立しなかった。

そして、三越伊勢丹ホールディングス、J・フロントリテイリング、髙島屋、エイチ・ツー・オーリテイリング、松屋、近鉄百貨店、丸井グループ、パルコなどの各広報担当者さんに謝意を伝えたい。具体的なお名前を出して迷惑をかけてはいけないので伏せておくが、資料のご提供や細かな質問へのご対応で協力いただいた。

さらに、他社からの出版を認めていただいた取締役編集局長の山崎豪敏氏をはじめとする東洋経済新報社の先輩、同僚の方々にお礼を申し上げたい。東洋経済新報社で、未熟ではあるが取材、執筆力を培うことができたからこそ、本書を書き終えることができた。

最後に、本書を手に取ってくださった読者のみなさま。本当にありがとうございました。

二〇二〇年二月吉日　梅咲恵司

主な参考文献

■社史、書籍、論文

Jフロントリテイリング株式会社『大丸三百年史』（二〇一八）J・フロントリテイリング
髙島屋CSR推進室180年史編纂室編『おかげにて一八〇』（二〇一三）髙島屋
三越本社編『株式会社三越100年の記録』（二〇〇五）三越
東浩紀、大山顕『ショッピングモールから考える――ユートピア・バックヤード・未来都市』幻冬舎新書
伊藤元重『百貨店の進化』（二〇一九）日本経済新聞出版社
大西洋、内田裕子『三越伊勢丹 モノづくりの哲学――新たな挑戦はすべて「現場」から始まる』（二〇一七）PHP新書
岡田卓也『小売業の繁栄は平和の象徴――私の履歴書 改訂新版』（二〇一一）日本経済新聞出版社
奥田務『未完の流通革命――大丸松坂屋、再生の25年』（二〇一四）日経BP社
角井亮一『アマゾンと物流大戦争』（二〇一六）NHK出版新書
鹿島茂『小林一三――日本が生んだ偉大なる経営イノベーター』（二〇一八）中央公論新社
川島蓉子『伊勢丹・ストーリー戦略』（二〇一二）PHP研究所
斉藤徹『ショッピングモールの社会史』（二〇一七）フィギュール彩
週刊朝日編『値段史年表――明治大正昭和』（一九八八）朝日新聞社
鈴木哲也『セゾン 堤清二が見た未来』（二〇一八）日経BP社

スティーブンス、ダグ、斎藤栄一郎訳『小売再生――リアル店舗はメディアになる』プレジデント社
田中陽『百貨店サバイバル――再編ドミノの先に』（二〇〇七）日経ビジネス人文庫
谷内正往、加藤論『日本の百貨店史――地方、女子店員、高齢化』（二〇一八）日本経済評論社
出町譲『景気を仕掛けた男――「丸井」創業者・青井忠治』（二〇一五）幻冬舎
飛田健彦『百貨店とは』（二〇一六）国書刊行会
初田亨『百貨店の誕生』（一九九九）ちくま学芸文庫
満薗勇『商店街はいま必要なのか――「日本型流通」の近現代史』（二〇一五）講談社現代新書
宮川東一郎、柳孝一、鈴木克也『新流通産業（未来産業12）』（一九七二）東洋経済新報社
柳孝一『流通産業革命の構図――リーディングインダストリーへの挑戦』（一九九二）東洋経済新報社
相島淑美「日本の百貨店におけるおもてなし接客の特徴――三越とノードストロームの比較分析」『カンファレンス・プリしーディングス Vol.7』（二〇一八）日本マーケティング学会
新井田剛、水越康介「百貨店の外商制度と掛け売りの歴史的変遷――小売業における関係性」『マーケティングジャーナル 32巻』（二〇一三）日本マーケティング協会、日本マーケティング学会
江口潔「戦前期の百貨店における技能観の変容過程――三越における女子販売員の対人技能に着目して」『教育社会学研究 92巻』（二〇一三）日本教育社会学会

■WEBサイト
「日本橋三越が挑む〝新しいおもてなし〟、コンシェルジュ90人を配置」FASHIONSNAP.COM
〈https://www.fashionsnap.com/article/2018-09-06/mi-nihonbashi/〉
「エレベーターガール、消えた店と残る店　誕生90年目の現状とは」J・CASTニュース
〈https://www.j-cast.com/2018/12/22346269.html?p=all〉

「かつて憧れの場所だったデパートの華やかな歴史」ＮＥＷＳポストセブン
〈https://www.news-postseven.com/archives/20161024_459277.html〉

「日本橋三越本店で「コンシェルジュサービス」をリアルに体験！人が紡ぐ最先端のサービスとは？」Precious.jp
〈https://precious.jp/articles/-/9135〉

「ディスプレイデザインの歴史――文化事業の一翼を担う百貨店の催事」乃村工藝社グループ
〈https://www.nomurakougei.co.jp/displaydesign/history/ent.html〉

「百貨店は富裕層中心の「お帳場」ビジネスを伸ばせるか？」テンミニッツTV
〈https://10mtv.jp/pc/content/detail.php?movie_id=1985〉

「百貨店は文化の担い手「暮らしと美術と高島屋」展」産経ニュース
〈https://www.sankei.com/life/news/130530/lif1305300032-n1.html〉

イースト新書
122

百貨店《ひゃっかてん》・デパート興亡史《こうぼうし》

2020年4月15日　初版第1刷発行

著者
梅咲恵司《うめさきけいじ》

編集
木下衛

発行人
北畠夏影

発行所
株式会社
イースト・プレス
〒101-0051
東京都千代田区神田神保町2-4-7久月神田ビル
Tel:03-5213-4700　Fax:03-5213-4701
https://www.eastpress.co.jp

装丁
木庭貴信
（オクターヴ）

本文DTP
臼田彩穂

印刷所
中央精版印刷株式会社

定価はカバーに表示してあります。
乱丁・落丁本がありましたらお取替えいたします。

ISBN978-4-7816-5122-4